病態型自戀

假面閨密、危險情人、慣老闆、控制狂
父母、親情勒索……法國頂尖心理師教
你如何從50個日常生活場景破解自戀型
人格疾患，從有毒關係中重生

PERVERS
NARCISSIQUES

50 scènes du quotidien pas
si anodines pour les démasquer
et leur faire face

安妮‧克洛蒂爾德‧齊格勒 ——— 著
Anne Clotilde Ziégler

戈瑪古 ——— 繪者
Margaux Reinaudo,Alias Gomargu

賴亭卉 ——— 譯

誠摯獻給雅奴珂、傑瑞米、茉麗

緬懷　皮耶與瑪蒂德

清醒，是最接近太陽的一道創傷。

——勒內・夏爾

目錄／索引

序言

我從事心理治療三十年來所陪伴的人之中，有不少人慘遭病態型自戀者（un pervers narcissique*）的毒手，或是曾因病態型自戀者的掌控而苦惱。出版了第一本關於這個主題的書†以後，我發現目前市面上的大量文獻中，沒有一本書針對權力掌握的操控（manœuvres），或說控制（manipulations），做出詳細闡述。這些手段就像是魔術手法，讓受害者中招，反應不過來，無法思考發生了什麼事。唯有明白魔術師如何施變戲法，我們才能從震懾的狀態中走出來。被操控者（proie‡）對我陳述日常生活中的事件時，經常認為自己太過大驚小怪，對微不足道的小事反應過激。「不是嗎？說到底也沒什麼。」他們這樣對我說。身邊聽他們說過這些生活「軼事」的人，更加令他們懷疑自己是不是反應過度了。

　　在本書中，我選擇了一些看似無足輕重的日常場景，逐一檢視這些小故事，讓這本書能夠作為對抗病態型自戀者的好工具，不論這人是男朋友或女朋友、丈夫或妻子、男性友人或女性友人、同事、父親或母親、兄弟或姊妹。記住，唯一的自救方法就是逃，還要與這人斷絕一切聯繫！不過，有時候我們就是做不到，那就盡量自保。可別輕忽，即使想方設法自保，這段含有劇毒的關係絕對讓你防不勝防。在這樣的關係裡，沒人能撐得下去，一定要逃。

　　書中所描述的情況都擷取自於我的臨床工作經驗，雖然改動某些細節以便保護當事人不被認出，但故事都是真的。身為心理師（thérapeute），故事背景與來龍去脈我很清楚，並會在故事的評論和分析中加以說明。

---

*　病態型自戀者男女都有，雖然法文通常寫成陽性名詞 un pervers narcissique，不過這樣的人並不限於男性，也有女性病態型自戀者 une perverse narcissique，如同本書中的各種例子。

†　Anne Clotilde Ziegler, Pervers narcissiques bas les masques, Paris, Solar, 2015.

‡　譯注：原書中經常使用「掠食者」（prédateur）與「獵物」（proie）來指稱「操控者」與「被操控者」的關係，譯文中皆以「操控者」與「被操控者」稱之。

大環境的討論有時會給人一種印象：病態型自戀者好像都是男性。實際上並非如此，也有許多女性病態型自戀者的案例。我們必須清楚意識到這個事實，才不會滿口「男人都是渾蛋」這類厭男式報復性論調，而忽略了有毒的女性控制。

書中描述的各種控制關係，包含了情侶、親子、朋友之間，以及職場關係等。我的臨床經驗中，有許多案例追本溯源會發現：有些人一開始因為伴侶關係來尋求協助，卻導向童年的病態型自戀父母或是職場困境；也有出於追求其它目標而來諮商，意外發現朋友在操控自己。很少有人因為病態型自戀這個問題直接來找我諮商，但許多案例都令我印象深刻，於是搖身變成本書的故事場景。

無論事件的背景為何，控制的原理和效果都相同，不管是總統宣稱自己在國定假日繼續工作，或是丈夫抱怨自己被迫在太太工作時照顧小孩，都是運用罪惡感來操控對方，令人目瞪口呆，無從反應。

病態型自戀是什麼？
（以及怎樣不是病態型自戀）

是控制狂？還是病態型自戀者？

要區分「控制狂」與「病態型自戀者」之間的差異（終究還是有的），得追溯到這兩個概念成形的歷史。

最早在一九八六年，精神分析學家保羅─克勞德・拉卡米爾（Paul-Claude Racamier*）做出了「病態型自戀」（perversion narcissique）這個診斷。在精神分析領域中，我們傾向於描述並試圖理解人的內心活動，也就是其心理結構，描述一個人的心理活動是如何組織而成，其布局、思考錨點、無意識的活動等。如此一來，心理架構是整體而恆常的。

「控制狂」這個詞源於心理學的「認知與行為」流派。此流派對人的行為和人的信念特別感興趣：人的行為包括他做了什麼，是其他人從外面看到的，客觀的觀察；而人的信念則多數時候是沒有意識到的。控制是一種行為，控制者所做（fait）的事。

---

* Paul-Claude Racamier, les Perversions narcissiques, Paris, Payot, 2012.

「病態型自戀」和「控制狂」涵蓋的是兩種不同觀點：前者描述這個人長久以來穩定的心理結構，後者則是描述這個人的行為。因此我們要探討的重點在於了解這個人如何控制別人？控制的頻率為何？以及他為什麼這麼做？

常見的非病態控制行為

所有人都可能因為各式各樣的原因偶爾做出控制他人的行為。即使不是病態型自戀者，我們在特殊情況下，自認行為正當的時候，也會做出控制行為。比如：面對警察臨檢證件時，我們會表現比平時可愛迷人，更別說應聘面試的時候會美化自己的經歷，隱惡揚善。同樣的，為了社交方便，在不怎麼喜歡的人面前呈現好形象，或是在有好感的人面前，對自己的外表稍稍作弊、裝出好品味等等，這些都沒什麼，都是常見的非病態控制行為。

不自覺的控制行為

控制狂除了極度自戀，還可能顯現出其他人格疾患癥狀。其中多數人並未意識到自己的控制行為，認為自己不值得被愛，因此不自覺地控制著自己的伴侶，讓對方主動要求結束關係，來證實自己不值得被愛的想法（然而他們卻以為自己所做的一切都是為了被愛）；過度付出的母親，擺出猶如自己的母親那樣犧牲自己的姿態，因為她認為這就是母親該做的事；合作夥伴做了各種能搞砸計劃的事，但不是故意的；自認為無法融入團體的人會努力裝出自己認為能夠為團體所接受的特質。在這些例子裡，控制行為都真實存在，不過當事人並不自覺，這樣的神經反應或多或少都存在於所有人身上。

職場策略

有些職業必須做出人們稱之為「策略」的控制行為，這些控制行為的目的在倫理道德上能被接受，而且前提是關係對象也會同意的，像是：教育者需使

用深具技巧的策略來教學;心理師需知道說什麼、何時說、怎麼說;醫生要宣布嚴重的病情診斷時,也極需溫柔和技巧;作家也需要技巧地揭露情節,吊讀者的胃口;演員也必須讓人以為他是某個角色(但其實他不是)⋯⋯等等。清單可以無限延伸。

病態型自戀的操控

若遭受頻繁且有害的刻意控制(請見第18頁),就可以想想我們是不是遇到了病態型自戀者。

騷擾

有害的控制情形若一再上演,如同對受支配者投毒,這就是一種騷擾。漸漸地,不知不覺中受到種種打擊:操控和貶低、情緒和思緒混淆、人性和尊嚴被否定、持續施壓,使被操控者感到羞愧混亂,記不清實際上發生了什麼事,逐漸喪失活力和自主性,也抹煞了生活的喜悅和自身人格。這是身為臨床工作者的我首先從支配情境所觀察到的。求診的被操控者如同空心貝殼,試圖在認知和情緒的窘境之下苟延殘喘,但卻歸結自己為有心理困擾的帶原者。

受害者幾乎完全察覺不到騷擾對自己帶來的傷害。書中提到的每一個場景,如果獨立來看,都不是什麼大事,都是短暫的困難、不擅長、小麻煩而已,就像所有關係中都會發生的那樣。身邊的人可能會說是受害者小題大作,畢竟站著說話不腰疼。事實上,就是因為這些小問題重複上演、一而再的發生問題、再而三的錯誤決定,最終醞釀成一種隱伏的侵擾,難以察覺的慢性毒素。受害者往往怪自己太敏感,甚至覺得自己有問題,明明這些只不過是小事而已⋯⋯。當操控者絞盡腦汁讓被操控者認為自己不正常,甚至心理狀態扭

曲，那麼每一次有害的相處過程都會帶給他們內心動盪。每一次面對有毒的交流並回應，都會讓受害者更為精神失衡。

如果不及時阻止，騷擾終將一步一步堆疊成一座難以逃離的高塔，和一段悲慘的毀滅性故事。

病態型自戀

我在前一本書*中已詳細描述了病態型自戀，於此在本書中將僅介紹它的主要特徵。

1. 自戀病理（Le narcissique pathologique）

這是一種對自我形象的病態迷戀。自戀者說話、行為、思想、感受的終極目標，就是只有自己重要。自戀者會誇大、美化、偽裝、修飾自我形象，為了讓它夠美麗、有聲望、夠強大（在病態的自戀者眼中是永遠不夠的）。自戀的人期望得到別人讚揚和認可，而且超級敏感。所有讓他們感覺與自己宣稱的那個光榮形象不符的，都會被他們視為羞辱。他們總是在比較，總是不自覺浮現競爭心態，為了表現出自己是所有領域的佼佼者。

他們也常聲稱自己命運悲慘，或者一副犧牲者的姿態，如此便能一箭雙鵰，甚至三鵰：身為受害者，他們認為這賦予了自己某些權利，而且已經這麼慘了，沒有人會再要求他們承擔責任；再說，他們還可從中利用別人的罪惡感來獲得權力，總之，操控別人完全只有好處。

---

* Anne Clotilde Ziégler, op.cit.

我們發現，在這樣的情況下，要他們承認錯誤並且謙卑幽默地接納自己人性中的不完美，那是不可能的。因此，如何解決爭端或衝突就是問題所在了。

2.病態疾患（La perversion）

在這裡指的是從毀滅對方的過程中得到虐待人的樂趣，毀滅的動力（La dynamique de la destruction）分成兩個階段。

在第一個階段中，病態型自戀者在他瞄準的操控對象身上看見自己想要擁有的特質，可能是生活的喜悅，也可能是財物上、智識上、或創意上的富有，抑或成功、慷慨等。自戀者認為藉由「碰觸」（frotter）此人，就能與這人有某種神奇的融合，繼而擁有對方的特質，這種想法既過時又病態。為了接近目標，他要吸引、迷惑、誘騙對方，就像是一株要吞食蒼蠅的豬籠草。

終究，他會發現自己過時的詭計沒有用，接觸對方既竊取不到想要的特質，還會被比下去，相形見絀。於是心中升起敵意，這便開始了第二個動作——毀滅對方，尤其是毀了那些吸引自己的特質。如果無法擁有，至少還能摧毀。

在父母與子女的關係中，動力（la dynamique）相同，但出發點不同：病態的父母毋需刻意吸引子女，他們離開父母就難以生存。一開始，孩子被自戀型父母用來當作是自己的延伸，透過孩子的行為舉止來得到社會的認可和自信驕傲。當然，孩子只能成為符合社會價值觀的樣子、做出會讓父母得到正面評價的事。等孩子長大了，自外於家庭地被外界認識，父母無法再將子女應得的讚譽收歸己用，這時候就開始貶低孩子，就如同攻擊任何一個讓自己嫉妒的人那樣。

病態型自戀者有意識到
自己在操控別人嗎？

實話直說吧：有，他們完全知道自己在操控別人。尚·科陀（Jean Cottraux）教授在他最新一本書[*]中提到病態型自戀是一種普遍的病態自戀（pathologie narcissique），集三種特質於一身：除了病態的自戀本身，還有心理變態（衝動且具破壞性的行為，無法認清自身錯誤）和笑裡藏刀。這些病態特質，被盎格魯·撒克遜學者稱為黑暗三聯徵（triade noire）。

在我的前作[†]和YouTube影片[‡]中，我陸續收到許多讀者來信寫自己的病態型自戀。基於倫理，我不能一字不漏地出版這些私人書信，但總歸來說內容如下：

* 有些讀者在我書中的病理敘述看到自己，感到自豪，甚至好心（降尊紆貴）地證實我的理論。
* 有位讀者寫到，他的確如書中所述，但他覺得這就像個遊戲，或是關於權力和掌控的慾望，他毫不在意自己的行為具有毀滅性。
* 另一位寫到，我所描述的人格特質他都有。他不在意別人的感受，只在意他自己。他承認他不能接受別人忽視他，這讓他無法忍受，他也會利用別人來達到自己的目的。他寫到：「因此，我會假裝有某些感覺，我會先努力表現來吸引別人，然後到了某個時候覺得無聊就不管了。我才不要每天都這麼累！」

---

[*]　Jean Cottraux, *Tous narcissiques*, Paris, Odile Jacob, 2017.

[†]　Anne Clotilde Ziegler, *op. cit.*

[‡]　https://www.youtube.com／results?search_query=pervers+narcissiques+bas+les+masques

這正是這種病不可思議之處：怎麼有人能故意如此傷人？不過，那些不願相信病態型自戀者是故意為之的人，都用自己對別人的善意來看他們（我們看別人都不是看到他們真正的樣子，而是用自己的樣子去看他們）。這些人會陷入險境，因為天真善良不會引領他們做出唯一合理的行動，那就是：逃！

病態型自戀者有沒有意識到自己傷害別人？

再說一次：有。一名男性讀者來信寫到他對奶奶、哥哥（或弟弟）和許多朋友都很不好；一位女性讀者*的來信中寫到自己與多位情人的相處：「我看見他們因為我說的話或我做的事痛苦到在地上打滾，這讓我覺得自己很強大，讓我確定他們愛我。我就愛這樣，這是我唯一真正喜愛的事。」

他們沒有感覺嗎？

沒錯，他們對他人的痛苦無感，他們缺乏關懷別人的同理概念。但是，他們其實對別人很能感同身受，知道怎麼做能讓別人最痛苦，只不過他們完全不會憐憫別人，也不友善。單單只是能感同身受但不懷好意，這樣並不夠。

為什麼？事實上，他們一直處於高度危險的狀態。他們的「本我」很脆弱，隨時都會爆發，顯現出極為殘暴可怕的精神問題。他們沒有穩定不變的自我，他們的人格是製造出來的假象，隨時得修修補補，像是遭遇船難的水手，

---

* 再次強調，這種病不是男人才有。

在海上奮力修補破船，以免溺死。這是種垂死掙扎的反射動作。在這種情況下，他們不怎麼在意傷害了身邊的人，更何況這正是他們發揮影響力的方式，忍耐辛苦，施展魅力換來維持一個還算一致（cohérent）的我。

有時候我們會發現其中隱約流露出來的瘋狂，我稱之為「類妄想」（subdélire），他們歪曲現實製造出來的謊言，最後連他們自己都信了。

他們值得同情，但不值得我們犧牲自己，更別說當被操控者被他們吃乾抹淨後，他們就不管不聞了。

病態型自戀者有沒有意識到自己的心理運作？

想必沒有。他們跟我們所有人一樣，都沒有意識到潛意識（inconscient）的決定因素。因此，他們沒有注意到自己心底的焦慮是分裂的焦慮，意思是他們的自我可能碎成千萬片，使他們受到精神疾病的慘痛折磨。

不把別人當成與自己平等的人看待、己所不欲施於人，他們並不覺得這樣子有什麼問題，於是用不合時宜的方式與人相處，就像是個小嬰兒，還無法區別照顧自己的人與自己。他們無法進入健康且成熟的人際關係。

總之，病態型自戀者沒有意識到他們自我防衛的心理運作方式：

* **投射作用**：把自己的想法、情感、行為歸於別人身上。因為若將這些當成自己的想法、情感與行為，就會動搖脆弱的自我一貫性（cohérence）。
* **否認現實**：否認困擾自己的全部或部分現實，因為這會威脅到自我的一貫性。

* **認知扭曲**：誇大部分事實、省略某些事實和撒謊，以符合對自己有利的解讀方式。

* **自我分裂**：自我的各個面向沒有融合成一個連貫的整體，「右手不知道左手做了什麼」。這說明了病態型自戀者像是雙面人，戴著一張「魅惑的面具」，面具之下則是個毫無憐憫心的迫害者。這也解釋了「角色重新定義」的一切基礎：他們無法負起責任、意識到自己的錯誤、看清自己的卑鄙，因為這會讓他們脆弱不堪的自我碎成一地。

如何使用這本書

　　任何遭受控制狂和病態型自戀者控制的人，因為某種原因陷入關係困境無法擺脫，或無法及時擺脫，都可以拿出這本書來閱讀和使用。我和同事把這些被操控者叫作「獵物」，這本書就是為了你們而寫，希望成為你們逃出困境之前的生存工具。希望你們能在這些圖文中認出與自己相似的經歷，或是透過類比分析，確實理解自己受到操控的背後原因。

　　這本書也能讓「被操控者」周遭的人理解病態的毀滅動力與手段，以及受摧殘者的處境。

　　也可以單純因為好奇，想要搞懂什麼是「控制」（行為），什麼是「病態型自戀」（心理結構），而來讀這本書。

　　我要強調，單一例子並不足以稱之為病態型自戀，唯有觀察到一個人諸多相似情境下的操控行為才能下這個診斷。現在很「流行」提到病態型自戀，這有好有壞。好處是人們必須辨認出與這類人的樣子和與他們的關係，方得以自我保護；壞處是這詞被過度濫用，如果沒能好好分辨，反而會造成反效果。

　　我們可能會指責病態型自戀者是討厭鬼，但事實上，我們或多或少都是某個人的討厭鬼，每個人都是也就沒有人不是了。重點在於識破，並保護自己不受影響！因此，每個小故事都採用相同的結構：敘述、分析、建議與給被操控者的幾點思考。

＊ **敘述**：每一則小故事都是實際發生的事件。我會簡單描述事件背景，用看似平凡無奇的場景來呈現被操控者掉入陷阱的時刻。每則故事會凸顯出最誇張

的一到兩點。

* **分析**：對每一種操控手法抽絲剝繭，讓人理解到危險所在。有時候一個「簡單」的句子，就讓普通場景轉而不凡。特寫這些操控手法（濫用信任、剝奪喜悅、心靈垃圾桶、製造罪惡感、違背倫理、搞破壞、捏造事實……）能夠聚焦並且將它們概念化。關於被操控者受到的影響，我也會娓娓道來。情緒和混亂不重要嗎？錯！我們可以因此注意到讓被操控者無法看穿操控手法的關鍵是什麼。操控手法能夠順利運作生效，正是透過要花招、繞圈岔題、突然攻擊、催眠式的誘導。既然看不穿，被操控者在大多數情況下都會遺忘所發生的事情，所以在分析的最後，我都會建議把事件思考寫下來，避免船過水無痕，像是夜裡做過的夢。更重要的是，書寫能夠整理思緒，這是單單內心喊話達不到的效果。

* **回應的建議**：讓被操控者逃離困境的建議。這並不表示被操控者都做錯了，要「做對」是種藝術，也需要學習。這些建議能讓被操控者發展自己的應對方式，保護自己（也只能如此，因為要在這種情況下讓對方明白是不可能實現的，而報仇更是不必要和危險的）。

* 最後，我也對被操控者提出**幾點思考**，希望他們能找出讓操控者「抓住」自己的漏洞。有什麼傾向、什麼弱點，什麼信念，導致他們讓自己被拿捏和惡待？通常需要一段時間，而且通常是一段很長的時間，被操控者才能認清現狀，擺脫因為病態型自戀者讓自己快要發瘋的感覺。然後，要意識到在掉入陷阱一事上，自己也有部分的責任，則需要再一段時間。只有這樣，才能停止重蹈覆轍。擺脫他人掌控，也是一種自我覺察的工作。

擺脫掌控的幾個步驟

　　要把這本書當成工具，首先被操控者必須意識到自己受病態型自戀者的掌控，陷入一段扭曲的關係之中。

　　接著，被操控者也必須接受唯一的逃生出口就是離開，越快越好。通常，要意識到這一點，需要一些時間。在我陪伴被操控者的過程中，我發現到一些反覆出現的狀況。

試圖解決衝突

　　首先，被操控者會嘗試與操控者談談，想要大事化小小事化無，解決衝突，重新和好，相親相愛如回到關係剛開始的時候（引誘階段）。被操控者對於紛爭會感到內疚，覺得自己有缺點，甚至在病態型自戀者的「幫助」之下，覺得自己有病，或是瘋了（不少被操控者來找我諮詢時，問到他們自己是不是病態型自戀者）。這個階段可能會持續很長一段時間，而被操控者越是試圖辯解，試圖讓自己更為溫柔、善良、體貼，就越是陷入被掌控的困境，幫助操控者開闢一條康莊大道，助其繼續進行摧毀的工程。

意識，恐懼與憤怒

接下來，經由書籍、談話、影片、經驗分享等，被操控者意識到其實自己所經歷的事情也有其他人經歷過，自己並不孤單。被羞辱、被抹黑、被貶低、心理上和物質上被劫掠，因此感到害怕以及多少有想要報復甚至是復仇的心情，這都會讓被操控者陷入危險。通常他們無法成功報復（在這方面，病態型自戀者強多了，他們玩不過），因此令人更加憤怒並且產生無力感；若是真的做到，一次小小的成功都很可能導致對自己的傷害，甚至引發病態型自戀者對自己施加肢體暴力。因此，報復可說是鑽進一條危險的死胡同。

接受與結果

然後，智慧漸長，了解到無論多麼努力，要病態型自戀者有所改變是毫無可能的，接受了這個事實。被操控者於是迫切想要從中解脫，開始往前走。不過，從接受的階段到真正解脫的那一刻，中間往往有一段「潛伏期」。限制住被操控者的原因有很多種：物質、孩子、健康、（重新）找工作的艱難，或者被操控者本身還是個孩子……看不見的操控繫繩，有時是難以立即切斷的千絲萬縷。

本書對於處在這段「潛伏期」的被操控者用處最大，幫助他們能在抽身之前保護自己。但願需要擺脫掌控的人在閱讀本書時，都能有所領悟以及受到支持的感覺。

伴侶關係的操控

來找我諮商的案例裡，最大宗是伴侶之間的問題，因此書中這部分最為豐富，反映出我的執業現實。

在成人生活中，愛人是我們最親密的人，無論是否在一起，我們都會與對方分享生活和身心的私密。會與我們身體相連、肌膚相親的人，除了母親就是愛人了，所以他可能會喚起舊時的傷痛，尤其是童年所埋下的。我們與對方分享自己的每個面向，包括最私密的日常習慣、個人小動作、性行為、大大小小的生活事件、喜悅、擔憂、煩惱、回憶、夢想、計畫等等。因此，當其中一人露出操控者（prédateur）的面貌時，破壞力之大難以估量，實際上造成的困擾會影響到所有的私密領域。

在引誘階段，操控者會想盡各種辦法滿足被操控者的渴望，讓對方以為自己遇到白馬王子或是夢中女郎。被操控者被征服、陷入愛情、大為驚豔，不料竟是虛假的人設。即便途中遇到怪怪的小插曲，但被操控者不會放在心上，起初覺得有點小小不完美也很正常，後來是因為這幅畫太美好了，想信以為真。再者，操控者通常在被操控者動盪不安之際出擊，此時他們較為脆弱，判斷力受到影響。

接下來，當被操控者上鉤了以後，破壞階段來臨，畫風一變。因為太過突然，被操控者以為是暫時的小問題，會自己找理由解釋，而且花很長的時間在這段關係中撐著。通常，被操控者會歸咎於自己做錯了什麼，開始檢討自己……這正中操控者下懷。當關係持續下去，養成了習慣，被操控者陷入自我懷疑、困惑不安與情緒困擾，於是失去判斷和鬥志，就算還能為自己一搏，也會認為是自己個性不好，過得壓力重重、疲憊不堪。想分手時，常常操控者又變回一開始那般迷人的樣子，重新給予自己希望，覺得關係有改善的可能。這套把戲可以演上數十年，精疲力盡的被操控者會更加責怪自己竟然駐足於如此受虐的關係之中，更為自己感到羞恥。

我們即將分析的操控手法可說是換湯不換藥，任你場景千變萬化，操控手法亙古不變……

不夠愛自己的她

佛蘿倫絲單身好一陣子了。她曾遭遇婚姻的荼毒，有過幾段複雜又痛苦的戀情。她渴望有個伴，但希望對方單純、善良、溫和，因為她的心累了。一天晚上，她認識了昆汀，他溫暖和善的笑容吸引了她。聊天過程中，佛蘿倫絲得知他是位人生教練，而她很喜歡心理學，除了接受過一段時間的心理治療，也閱讀許多關於身心發展自我成長的書籍。一段看似溫柔深情的戀愛關係就此展開，儘管她隱約感覺有點什麼不對勁……比如說，有天早上她套上運動內衣時，她不太喜歡傳統的扣環式胸罩，覺得穿著壓迫不舒服，昆汀卻說：「妳沒有大方地展現胸形，妳一定不愛它！」

佛蘿倫絲心想：沒有啊，我就喜歡它自然的樣子，並不是為了要給其他人看……不過，懷疑的種子悄悄種在她心中，而且她想討昆汀的歡心。所以她沒說什麼，改穿彈性拉提胸罩。

發生什麼事？

昆汀的操控

→ 戴上和善的面具，吸引被操控者。

→「炫耀」他的心理學知識，用他半瓶水的一知半解（真正懂心理學的人懂得謙遜：沒有人能真正懂另一個人）解讀佛蘿倫絲的行為，硬讀出不存在的意義，好像自己比她更懂她，握有詮釋權。一般人會開放性地詢問佛蘿倫絲為什麼做此選擇，甚至單純地接受：愛，就是認同對方做自己。

→ 這副「懂」的姿態就是一種在關係中獲取強勢力量的操控手法。

→ 透過不合理的強勢，他犧牲他人換得自己高人一等（他是「懂的人」）的優勢。

→ 他把「愛」和「炫耀」混為一談，把自己的問題投射到佛蘿倫絲身上。

→ 如果他性慾低落或者有所「不行」，他就能合理地怪罪到佛蘿倫絲身上，都是她的錯，變得不夠吸引人，才害他不想要。

→ 他掌控著她照顧自己的方式、穿著方式與外表。

→ 他毫不客氣地操控她和利用她（她必須按照昆汀的想法而非自己的意願行事），確認操控手法對她有效。

對佛蘿倫絲的影響

◎ 她不敢反駁，也許是害怕起衝突。

◎ 她想要討對方歡心，尤其兩個人才剛在一起。

◎ 她不確定如果不符合對方的期待，自己還會不會被愛。

◎ 她反省自己，於是陷入混亂，懷疑自己是否真的不愛惜胸部，因為她有注意到自己一直不愛惜自己。

◎ 她需要仰慕另一個人，而為了能夠仰慕他人，她否定自身的想法，認可伴侶低劣的心理詮釋。

◎ 她很可能長期承受某個控制狂的操控，比如前夫，心理因此變得很脆弱。

操控手法放大鏡

知彼莫若我，我是為你好（Savoir sur l'autre, savoir pour l'autre）：好像比對方還懂她自己，能預先說出她的想法。因為我們對自身形象總有些盲點，這樣的操控是很有效的，能使對方陷入混亂，進而控制對方（見附錄，第349頁）。

她能做什麼來保護自己？

* 意識到對方的控制。她想要討好對方、懂得躬身自省的善念，以及自我懷疑，正是讓她看不透的原因。
* 意識到昆汀想把個人意見定調為事實。
* 確認接收：「我懂你的觀點。」讓控制者的詮釋停留在個人意見。
* 不要改變穿著方式。
* 把這件事寫下來，釐清思緒，不要忘記。

幾點幫助佛蘿倫絲的思考：

* 妳認為如果不做點什麼，別人就不會愛妳或想要妳嗎？如果妳這麼想，是在哪裡、什麼時候、跟誰、發生了什麼，讓妳做出這個結論呢？
* 妳認為必須放棄自己才能取悅他人？如果妳這麼想，是在哪裡、什麼時候、跟誰、發生了什麼，讓妳做出這個結論呢？
* 是什麼讓妳認為必須對戀人的性愛表現負起責任？妳是否認為自己不夠吸引人？
* 在哪裡、什麼時候、跟誰，讓妳學到必須放棄自己的思想、自己的判斷，必須接受別人的想法，才能夠欣賞對方，並且／或者被愛？
* 現在這個情境與上述問題的答案之間是否有什麼關聯？是否與妳留意到的某些因素相呼應？
* 在這類小事中，妳需要哪些辦法，才能不再走向（或是格外謹慎地走向）一段可能傷害妳的關係之中？什麼讓妳產生自信？妳需要哪些辦法，才能對原

本的自己感到自在，無論是否吸引別人？

操控手法：知彼莫若我（第31頁），魅惑的面具（第147頁）

博取同情的她

　　律多維克與艾珂認識了幾個月。律多維克三十歲，是文學和音樂教授。他被艾珂纖長的身影、白皙的肌膚和溫柔的目光所吸引。有時艾珂會陷入迷茫的狀態，斷斷續續地提起過去痛苦經驗的陰影。律多維克覺得艾珂是個浪漫的人，不禁被激起騎士精神，幻想能夠保護她擺脫過去的黑暗。他很愛她，談著兩人的未來、孩子和領養小孩的國家。他們常常見面，通常是在荷蘭，有時在法國。因為他不會荷蘭語，而艾珂只會一點點法語，兩人通常講英語。這天，律多維克剛開車開了一段很長的距離到阿姆斯特丹找艾珂，兩人約在咖啡廳碰面。面對艾珂，他很開心，但是艾珂卻不怎麼看他，因為旁邊另一桌的幾位男士正在對她拋媚眼。一段時間後，艾珂起身到外面抽菸，跟那幾名男子一起。看她笑得花枝亂顫，律多維克加入了他們，可是他們說著荷蘭語，他聽不懂。對於他的加入，艾珂並未表示歡迎，連看都沒看他，繼續說著荷蘭語，與那幾名荷蘭男子笑鬧。等最後剩下他們兩人時，律多維克氣炸了。

　　「你在說什麼啊？」艾珂反駁他。「你有病嗎？你的嫉妒心很有事……」接著艾珂又說起自己不幸的童年，第一次完整揭露整個故事。她邊敘述邊控訴，嗚咽著說自己需要愛和溫柔。律多維克對於自己生氣和嫉妒的表現，覺得很丟臉又很有罪惡感。

發生什麼事？

艾珂的操控手法

→ 一開始她心不在焉（邊聽邊看旁邊）的行為宛如不在場：人雖在，心卻不在。這顯示操控已經開始。正常的行為應該是迎接另一半、聽他說話，或者明白地說我現在沒空，或者為什麼不想做這件事。

→ 在這幕場景中，艾珂擺出一副遙不可及、痛苦又孤高的公主姿態，她自視這種魅力令人無法抗拒。

→ 掌控男人，無論是透過誘惑還是引起嫉妒，這讓她能夠滿足自己想吸引別人的病態渴望。在這種情況下，正常的行為應該是不去回應其他男人的示好，至少不會在自己聲稱所愛的人面前。

→ 她展現「蛇蠍美人」的魅力，透過傷害伴侶以及（程度較輕微地）傷害咖啡館裡的男人，來抬高自己的身價。

→ 用伴侶聽不懂的語言與別的男人交流，將他排除在外，加強了她控制對方的力道。

→ 她對愛侶沒有同理心，也不體貼。

→ 她以受害者的姿態為自己辯護。正常的行為應該是好好面對另一半的怒火、道歉，甚至再解釋自己怎麼了。總之，正常的作法應該是重視律多維克，跟他談談先前的爭端並且解決它。

→ 她卻把指控丟回律多維克身上，說成是他的掌控慾太過，自己的行為則無可厚非。

→ 她還讓伴侶認為是他心理有病（煤氣燈操控法）。

對律多維克的影響

◎ 他開了很久的車，除了渴望見到艾珂，也是一種愛的表示，是一份禮物。他期待兩人都對見面感到喜悅，這樣正常的想法，卻成了他的弱點。

◎ 他陷入三重困難：伴侶的冷漠相迎和心不在焉的聆聽、與咖啡館男子的調情，以及用外語交談將他排除在外。

◎ 他認為把剛才發生的事說出來能夠解決問題，但他忘了考慮一般解決問題的方式不適用於他們的狀況。

◎ 他嫉妒，這很正常，但是他經常感覺這種情緒是不好的、不應該的。

◎ 伴侶宣稱受害，讓他充滿同情，更助長他認為嫉妒是錯誤的。

◎ 他不去了解自己，只專注於了解對方。

◎ 他失去了內心的協調（cohérence interne），以至於懷疑自己（煤氣燈操控法起了作用）。

操控手法放大鏡

煤氣燈操控法（LE GASLIGHTING）：扭曲事實，使被操控者懷疑自己的思想、記憶或理智。這種操控手法可以有效地獲得權力，將指控（尤其當指控正確時）反擲回去，把自己的責任撇除乾淨。

心不在焉（L'ÉCOUTE AVERSIVE）：聆聽時露骨地分心態度，對於羞辱對方很有效，也不必把對方說的話放在心上，更不必回答。如此既能免責，又能掌控對方，由自己定義什麼話值得傾聽，或者不值得聽。這種高姿態還能同時貶抑他人來抬高自己，超划算。

他能做什麼來保護自己？

＊ 意識到對方的操控。讓他看不穿的原因，是因為他不明白正常解決問題的方法對他們並不管用，也不懂有時候嫉妒是合理的。

＊ 對伴侶的操控請表現淡定，表現地跟她一樣平靜、一樣冷淡，就像是跟小孩玩到一半，小孩突然跑去玩別的玩具，我們依然心平氣和。

＊ 專注於自己感興趣的事情：拿出自己的書來讀、在手機上看看電子郵件、打個電話、與別人交談等等。

＊ 如果可以就提早回法國，不必解釋，或者只說一句：「我家裡有事。」

＊ 不談剛剛發生了什麼事。

＊ 把這件事寫下來，釐清思緒，不要忘記。

幾點幫助律多維克的思考：

＊ 面對伴侶的冷淡相迎，除了回家的路途遙遠，還有什麼原因讓你決定留下？

＊ 伴侶的脆弱易受傷，讓你想起了誰嗎？如果有，是誰？哪種情況？發生過什麼事？

＊ 你為什麼想為她「療傷」？你也曾擔任過重要她人的「療癒者」嗎？

＊ 你是否自我懷疑？這給予了對方羞辱你的權力。如果你會，這份懷疑來自哪裡？

＊ 現在這個情境與上述問題的答案之間是否有什麼關聯？是否與你留意到的某些因素相呼應？

＊ 你需要什麼，才能讓你覺得自己的感覺是合理的？才能尊重自己，直接離開，不讓別人羞辱你？

＊ 你能怎麼做，讓每個人（或者生命中的重要女性）為自己的幸福負起責任，也就是說卸下「療癒者」的角色？

操控手法：煤氣燈操控法（第38頁），心不在焉（第38頁），扮演受害者（第73頁）

免費女傭和媽寶情人

　　蓓雅媞斯與姜的關係一直很緊繃，充滿嚴重的爭執。他們結婚也默默地過了二十年，蓓雅媞斯早已忘記當初怎麼會結婚的。朋友都說夫妻吵架很正常，而且有益婚姻健康，讓她不知道該怎麼想。有時候，姜會突然變溫柔，幾個小時或幾天，偶爾更久一點。蓓雅媞斯壓力很大，很累，這些片刻對她來說猶如仙丹妙藥，讓她把暫時的風平浪靜錯當成幸福。她只求和諧平靜，甚至有時願意付出任何代價。這週末他們打算出遊，蓓雅媞斯很期待，這種休戰時刻能讓她充點電。不過，他們又吵架了。姜指責她行李打包得不合他意：睡衣要在上，外出服在下，也得注意不要壓醜襯衫領子。這有關他的形象啊！蓓雅媞斯很難過，希望他停止責罵。儘管清楚是他在耍幼稚，她還是道了歉，重新打包行李。姜還在生氣，準備去沖個澡。蓓雅媞斯等他沖完澡出來，帶著一抹頑皮的笑走向他，蹲下來，張嘴含住他的陽具。為了使他回復心情，為了讓他高興，為了保持和諧，為了不破壞沒吵架的時光……姜就靜靜地享受，勃起，爽。蓓雅媞斯起身時，他拋出一句：「這位媽媽有點超過喔。」

發生什麼事？

姜的操控手法

→ 他毫無羞恥地利用了自己所造成的衝突以及伴侶企圖和解的心思。在這種情況下,正常的行為是要不就懷著感謝地接受和解,要不就拒絕,如果他不願放下。

→ 他端著一副無可指責的姿態,認為這表示責任全在蓓雅媞斯身上,自己則毫無責任,任由蓓雅媞斯安撫自己。

→ 他享受著從情色的姿勢中所獲取的力量。

→ 當時的情況讓蓓雅媞斯更顯脆弱,姜趁此機差辱她。

→ 他用一句話自以為是地詮釋當下情形,貶低對方。

→ 除了身體的縱情享樂,他還享受著貶低對方的施虐、與病態快樂。

對蓓雅媞斯的影響

◎ 她無法辨別與丈夫的關係動力（dynamique relationnelle）是否正常。

◎ 她盡一切努力弭平衝突。為了與對方和平相處，她逃避一切問題，不去解決，她的界限就像是海岸線隨著退潮一樣往後退。

◎ 為了弭平衝突，她讓自己為爭吵負起全部的責任。甚至，或許她真的認為自己應該為衝突負起全部責任。

◎ 她表現地太過溫柔，完全沒考慮到自己，因此姜在享受她為了緩和氣氛而進行口交時，懷疑她是受到性慾催動而想要。

◎ 她的作為讓自己位處弱勢：口愛可以是一種充滿愛意的情色動作，但這個舉動也隨時可能演變成讓自己屈服於口愛的對象、成為對方的工具、受到對方羞辱。更何況，剛結束口愛，正是身心最顯得赤裸之際（就算身體不是，心理上也是），此時被羞辱會更加受傷。

◎ 她覺得丟臉，因為自己，也因為自己的姿勢。

操控手法放大鏡

抓個正著（LE FLAGRANT DÉLIT）：先把被操控者逼到某種地步，等到被操控者做了什麼，便揪著不放：「哈哈！逮到你了！」讓對方產生罪惡感與羞恥感，並藉此控制對方，這種方式非常有效。

她能做什麼來保護自己？

* 意識到對方的操控。這裡有兩件事讓她看不清對方的操控：她無法辨別與丈夫的相處是否正常，以及她對於和諧平靜的渴求強烈到使她願意毫不理智地付出一切代價。
* 說白了，就是不要做這種安撫對方的動作。
* 以後再發生衝突的時候，先意識到自己的需求，自己照顧自己。
* 事發後，面對丈夫的羞辱，幽幽回說：「哦？」態度疏離，不隨之起舞。
* 把這件事寫下來，釐清思緒，避免忘記。

幾點幫助蓓雅媞斯的思考：

* 衝突裡有什麼是妳受不了的？
* 妳是否習慣付出自己的身體作為代價、習慣接受羞辱，為了用來安撫對方？是從結婚的時候開始這樣的嗎？還是更早以前？若是婚前便已經如此，那麼是從何時開始？在何處？因為誰？
* 妳是否覺得自己不應該存在？如果是，這種感覺從何而來？什麼時候開始的？
* 妳是否經常覺得自己很羞恥？如果是，這種羞恥感從何而來？從結婚的時候開始，這種羞恥感就已隱隱存在？還是更早之前？如果是更早以前，那麼是從何時？為什麼？因為誰？
* 現在這個情境與上述問題的答案之間是否有什麼關聯？是否與妳留意到的某些因素相呼應？

＊ 妳需要哪些資源來找到能夠安歇並找回力量的地方？怎麼做才能讓自己從羞恥的感覺中掙脫出來，重新找回對自己的尊重，來保護自己？妳該怎麼做、怎麼想、怎麼感覺，才能覺知自己的存在正當性？

操控手法：抓個正著（見第43頁）

拉皮條

　　洛伊克被公司裁員，因為人際關係出了點問題。他找不到工作，失業救濟金也快用完了。與洛伊克結婚六年的米麗安只好加長自己的工時，想辦法維持家庭生計。這段時間裡，洛伊克做了很多事，包括加強訓練網球的正手擊球技能，以及擔任當地釣魚俱樂部的主席。雖然米麗安被工作壓得喘不過氣來，但想到洛伊克應該深受失業的打擊，尤其是自尊受了傷，她就覺得應該接受洛伊克的各種興趣以及他在家事的缺席，自己獨力打理家裡和兩人年幼的女兒。反正，就算她開口請求幫忙，洛伊克也會藉口自己很忙來推拖。米麗安覺得自己別無選擇，只能接受，一次又一次。而當洛伊克終於找到適合的工作，薪水也足以養活自己時，他們懷了第二個孩子。生下孩子之後，疲於奔命的生活讓米麗安覺得很累，她想要休息一下。有天晚上，她跟洛伊克說自己想要暫停工作一段時間，專心照顧家庭。洛伊克回答說：「又不是拉皮條。不要偷懶，要吃就要做。」

發生什麼事？

洛伊克的操控手法

→ 兩人的動力（dynamique）並非雙向：即使在洛伊克失業期間，米麗安對丈夫體貼依舊，並且理解他的各種需求；而當洛伊克順風順水時，卻無法用同樣的體貼回報妻子。他只想予取予求，不想付出。一般人會接受米麗安暫停工作一段時間，或者至少與她一起坐下來評估暫停工作可能造成的後果。

→ 他用攻擊來自我防衛。

→ 太太的請求其實很合理，但他用「拉皮條」這樣粗暴的比喻來攻擊別人、捍衛自己，藉此逃避思考實際的家用所需。

→ 他粗俗的遣詞用字更讓米麗安如遭「晴天霹靂」。

→ 他逃避身為父親的責任。

→ 一般人會煩惱自己的薪水並不足以支撐家庭開支，但他從來不去想這個問題，甚至試圖逃避。清楚認知到這個事實，等於否定了他的無所不能，這讓他產生憤怒，於是裝出一副太太想當伸手牌爽拿錢，逼他當「阻街女郎」的樣子。

→ 他想要自己獨享全部收入，不分給家用。

對米麗安的影響

◎ 她還活在自己身邊有個可靠伴侶的幻想之中，她需要保有這個幻想，才能面對現實困境，不陷入絕望。

◎ 她一直在給予、在分享、在支撐。

◎ 她還相信與丈夫之間仍保有「互相」這樣的價值觀。

◎ 洛伊克的攻擊式回答使她大為震驚，比起原本考慮想要暫停工作一事，她得耗費更多的能量才得以恢復過來。

◎ 很可能再也無法討論暫停工作這件事了，因為洛伊克的攻擊太有效。

◎ 她的疲憊加深了她的脆弱，使她更無力捍衛自己。

◎ 第二個孩子的到來綁住了她，導致她只能湊合接受目前的狀況。

操控手法放大鏡

醜化諷刺（LA CARICATURE）：將被操控者的原話改頭換面，用粗俗殘暴的方式換句話說。使用隱喻來說話，脫離對方原本的述說背景，就是一種很好的手法，能有效地讓對方覺得他說的話很愚蠢、侮辱人或者不恰當，然後就不必去聽對方到底要說什麼了，也可以就此去控制對方。

她能做什麼來保護自己？

* 意識到洛伊克的操控。突如其來的暴力攻擊讓她無法看清，她也需要想像配偶是靠得住的，這樣她才能站得住，並且面對生活、面對工作、面對兩個孩子。

* 別回答先生的話，別辯解，也別指責他。他以攻擊作為防衛，若米麗安辯解，他會更加強攻擊。

* 意識到若她持續現狀，她的收入其實讓她可以自主，長遠來看，這讓她能夠離開丈夫生活。因此，暫停工作反而是有風險的。

* 把這件事寫下來，釐清思緒，不要忘記。

幾點幫助米麗安的思考：

* 妳認為或者是某一天她決定要獨力擔起安全感？是否在生命中的某一刻，妳被引導做出這個結論：凡事只能靠自己？若是如此，是在何時、與誰、在什麼樣的狀況下？

* 過往的生命中，是不是有另一個人沒能保護妳、疼惜妳？若是如此，是誰？

* 妳是否打算把所有事情和所有人擔在自己身上？若是如此，是從結婚開始還是婚前就開始的？若是在婚前，那麼是何時？為什麼？如果沒能把所有事情都擔在身上，妳到底怕什麼？

* 現在這個情境與上述問題的答案之間是否有什麼關聯？當下狀況是否與妳留意到的某些因素相呼應？

＊妳需要哪些資源才能夠讓每個人自己照顧自己？妳需要什麼才能讓對妳伸出援手的人進入妳的生活？有哪些狀況是妳能夠被疼愛、被照顧的嗎？

操控手法：醜化諷刺（見第49頁）

不要偷懶，
要吃就要做。

情人眼裡挑骨頭

　　克蘿伊和希爾凡是在交友網站認識的。克蘿伊五十歲，渾身散發魅力與愉悅。離婚後，她希望身邊能有男性的陪伴。希爾凡比她大了十歲，但在交友網站上，他的年齡和身高都申報不實。他其實很矮。第一次見面發現這個事實的時候，克蘿伊溫柔寬容地接受了。她心想：「反正沒有人是完美的，而且身體上的小缺點又沒什麼大不了，他想要掩飾，有點可愛呢……」希爾凡非常在意外表和身材，每天都去健身房練肌肉。在見面之前，希爾凡寄給她的個人照其實是好幾年以前的，照片裡的他上半身赤裸，大秀胸肌與平坦的小腹。很快地，克蘿伊就發現希爾凡異常著迷於觀察路人，經常用下巴指指點點，嘲弄路上遇見的「肥仔」。幸好，克蘿伊很苗條。不過，有天早上，她在希爾凡面前穿一條新長褲，拉上拉鍊時頗為艱難。與長褲拉鍊奮戰的過程中，希爾凡的眼睛一直盯著看，透出著迷的神色，露出近似高潮的奇怪微笑。克蘿伊覺得困窘，小聲說：「很丟臉」，希望他別看，可是沒有用。反而從那一天起，希爾凡常常叫她穿那一條褲子。

發生什麼事？

希爾凡的操控手法

→ 他是一個超級注重外表的自戀狂。為了看起來年輕、苗條、有肌肉線條，他下了很大的功夫，或許是為了彌補因為身高不足造成低人一等的心結，也很可能是他難以接受老化的事實。

→ 他一步一步挖坑給人跳、摧毀別人：透過批評那些「肥仔」，讓克蘿伊得知必須維持苗條才能取悅他，博得他一點尊重。這麼做，表示他要的伴侶並非一個「人」原本的樣子，而是個特質必須符合他要求的「物品」。

→ 看到另一半穿不下褲子覺得丟臉時，希爾凡一點同理心都沒有（人可不會對物品有同理心）。正常的行為應該是轉過身不看，開個善意的小玩笑來化解尷尬。

→ 他病態地享受自己造成對方的尷尬，還持續盯著看，強化對方的羞恥感。這讓他能夠避免對自己的年紀與身高感到痛苦。某種程度來說，這種病態享受「安慰」了他，同時賦予他高人一等的姿態。

→ 每當他要求克蘿伊穿那一條褲子，場景重現，便能讓他重溫克蘿伊的羞愧，並再次感到愉悅。

對克蘿伊的影響

→克蘿伊在希爾凡面前穿褲子,是想要建立雙方的親密感。即便不確定長褲是否合身,她依然自信地在希爾凡面前套上褲子。她沒發現自己這麼做有風險。

→克蘿伊被盯著看,落於下風,導致她出醜丟臉。

→克蘿伊想要取悅希爾凡,這在一段情侶關係剛開始的時候是很正常的,她完全服膺於他的言論,將苗條視為理想的美,不料這卻逐漸變成一道強制命令。克蘿伊雖然苗條,卻得不計代價維持下去。被希爾凡接受是有條件的,若變胖,就會被他嘲笑和羞辱。

→發現自己穿不下褲子就此變成了一種恥辱,彷彿被逮個正著,貼上肥胖的標籤,印上一個重大汗點。

→她依然想要相信自己的伴侶是聰明而且講究的。克蘿伊對這段剛開始的關係充滿了希望和幻想,試圖將不好的經驗從記憶裡抹去。

→她束手無策:要不就請希爾凡轉過頭別看,但他搞不好反而更堅持盯著自己看,要不就只好接受他猥褻的目光。

操控手法放大鏡

製造羞恥感(FAIRE HONTE): 讓被操控者陷入一種覺得羞恥的狀態,侵犯的目光、靜止的關注、毒性的言辭,隱私被揭露……如此強烈並且具破壞性的情緒能夠讓希爾凡非常有效地控制克蘿伊。

她能做什麼來保護自己？

* 意識到對方的控制。她會看不穿，是因為對方的攻擊突如其來（畢竟是第一次）以及這段關係剛開始尚不穩定，此時我們眼中的對方總是我們想要相信的模樣。越早覺醒，就越不容易陷入毀滅性的關係，也越容易終止這段關係。

* 別在希爾凡面前穿脫衣褲，因為每一次這麼做都可能帶來令人不愉快的意外反應（不合身的衣物、服裝上一道裂縫、一點汙漬、任何一個缺點），然後轉變成羞辱。

* 承受希爾凡的目光，別露出羞愧的樣子（這會加強他的快感）。

* 把褲子丟了。

* 別再提起褲子太緊這件事。

* 若希爾凡再要求她穿這件褲子，轉身做別的事情，不要回應他。

* 把這件事寫下來，釐清思緒，不要忘記。

幾點幫助克蘿伊的思考：

* 妳是否曾經有過類似的受辱經驗？是在什麼樣的情況下？最早的一次是在何時？

* 妳的所作所為都得要攤在所有人的耳目之下？妳無權擁有隱私？妳從何時開始有這樣的感覺？這種想法怎麼來的？

* 妳是否認為人要苗條才有吸引力？別人給妳的溫柔或是情愛都取決於妳的外表或者另一種特質，是妳無論付出任何代價都必須維持的嗎？若是如此，妳

何時開始有這樣的想法？為什麼？是誰讓妳這麼認為？

＊ 現在這個情境與上述問題的答案之間是否有什麼關聯？當下狀況是否與妳留意到的某些因素相呼應？

＊ 妳需要什麼才能溫柔地接受自己原本的樣子？妳必須採取什麼措施來設下界限，保護妳的隱私和尊嚴？

操控手法：侵擾（第301頁），製造羞恥感（第55頁），去人性化。

千錯萬錯都是社會的錯

　　愛黛兒拚命工作，累得像條狗。她的丈夫呂克到處打零工，怪世界、怪環境、怪雇主、怪客戶，怪大家都不了解他的優點。他不斷做出各種令人費解的分析，要證明自己的失敗都是各種機制造成的：經濟、制度、文化⋯⋯一開始，愛黛兒覺得他聰明出色而且說話令人信服，有些迷人的叛逆，她喜歡。不過呂克的分析漸漸老調重彈。在家裡也是，所有的問題都不是他造成的，他從來沒有錯。而且他永遠有事可以怪罪別人，隨時能讓人內疚。熱水器壞了？是她的錯。他做壞了可麗餅？是她的錯。善良好心又有點天真的愛黛兒永遠在自責，為了各種大小事。有一天，她太晚下班導致來不及去幫呂克採買，她非常慌張，細說著一個又一個的原因和理由。結果呂克對她說：「如果妳都沒有罪惡感，妳應該去看醫生。」

發生什麼事？

呂克的操控手法

→ 將生活中煩人的事都歸咎於外界，「排除」了自己的責任，尤其是歸因於愛黛兒，這甚至是她在兩人關係中的其中一項主要功能，讓呂克可以保持個人形象的完美無缺與無所不能。愛黛兒成為一個「心靈垃圾桶」，讓呂克在面對無可逃避的逆境時能夠傾倒他的錯誤、不足、缺陷與挫折。正常的作法應該是承認自己的有限與身為人的不完美。

→ 讓另一半產生罪惡感，藉此掌控對方，也得以彰顯他的「力量」。

→ 一旦成功讓另一半產生罪惡感，他就可以把失敗的結果歸因於對方，同時還能懷疑對方的心理有問題，使其焦慮（煤氣燈操控法）。他先製造出問題，然後批評。

→ 若愛黛兒決定聽從他的建議，尋求醫生的協助，這就更肯定了愛黛兒有問題，甚至就是因為她才產生其他所有問題。

操控手法放大鏡

心靈垃圾桶：這項操作建立在兩種古老的防衛機制之上（切割與投射，clivage et projection），是所有自戀病理（les pathologies narcissiques）的共通現象，病態型自戀只是其中一種人格。自戀者會將所有不符合自己理想人設的事情怪罪於他的被操控者。責任明確：凡是順利、成功、好名聲的事，都歸功於自己，就算不是真的（參見第296頁「重新定位角色」）；而所有不順利、錯誤、失敗、卑劣的事，都是被操控者的錯。病態型自戀者一開始還能意識到這樣的操作，後來會逐漸相信這就是事實，進入妄想。踩著別人成就自我美好的這種操作既能維持理想的形象，還能透過讓他人產生愧疚來控制對方。

對愛黛兒的影響

◎ 她讓自己被呂克的分析和各種廢話所說服。

◎ 她自覺有罪,而且接受這種感覺。

◎ 她自我懷疑(許多被操控者都把發生在操控者身上的事情責任全部歸咎到自己身上,認同自己該為關係上的困境負起全部責任這條定律),最後甚至相信是自己心理出了什麼問題。

◎ 她願意把所有責任扛在自己身上,只為了尋求關係和諧,因為這就是代價。

◎ 呂克塑造了她:重複叨唸久了,假的也彷彿變成真的。

◎ 她左右為難:若想了解問題所在並舒解憂傷而去看醫生,就驗證了她心理健康有問題的論斷。

操控手法放大鏡

製造罪惡感(LA CULPABILISATION):這是心靈垃圾桶的一種表現,極為常見,值得特別放大來看。讓被操控者得知她對於現況、事件或行動上犯了錯,可事實上與她根本沒有一點關係,通常是操控者自己的錯。

她能做什麼來保護自己？

* 意識到對方習慣性地使用罪惡感來操控她，別再掉入陷阱。她的善良和自省能力導致她看不穿對方的操控手法，而身為成年人的她，竟然還服膺絕對權威到這種地步，也令人難以置信。

* 下次呂克再把她當成心靈垃圾桶的時候，仔細觀察他到底想要什麼。

* 留意小細節，預測他何時即將發作（也許會讓她在心中偷笑出來）。

* 他又發作時，直直盯著他的眼睛看，別眨眼，千萬別畏縮，不必覺得有罪惡感或是羞愧。

* 抬頭挺胸做原本的自己，不必改變作風。

* 把這些事逐一寫下來，釐清思緒，不要忘記。

幾點幫助愛黛兒的思考：

* 是否曾經（比如童年時期）有人讓妳覺得有罪惡感或者感到羞愧？若是如此，是誰？何時？怎麼樣的情況？

* 妳是不是覺得永遠都要做得完美無缺，否則就不值得被愛或關心？若是如此，是在什麼樣的情況下讓妳產生這種的想法，而且深信不疑？

* 妳是否曾經有過必須為他人負責的經驗？即使這不是妳能力所及或者份內之事？妳是不是個「小媽媽」，由於父母親的失職而必須肩負起弟妹的責任？若是如此，是誰讓妳這麼認為？為什麼？事情是怎麼發生的？

* 現在這個情境與上述問題的答案之間是否有什麼關聯？當下狀況是否與妳留

意到的某些因素相呼應？

＊ 妳該怎麼做什麼才能保持原本的自己，並且重新相信自己的判斷？妳該放下什麼才能允許自己不再為所有人負責？

操控手法：心靈垃圾桶（第60頁），製造罪惡感（第61頁），煤氣燈操控法（第38頁）

都是媽媽的錯

　　關娜愛爾剛生下第一胎。當初懷孕的過程很難受，因為另一半賽德瑞克從沒想過她可能會累而且需要休息，她在懷孕的時候工作一點都沒少做，像是買東西提重物等體力活。賽德瑞克認為這很正常，還常常開玩笑說：「妳是懷孕又不是生病。」他讀了很多心理學方面的書，時常向關娜愛爾控訴「壞媽媽們」以及母性毒害的力量。生小孩的時候，關娜愛爾咬緊牙關，不敢哀號，因為賽德瑞克認為她若發出一丁點的牢騷，就是在向孩子傳遞訊息說孩子不該存在。回家後，關娜愛爾就連站起身來和照顧小孩都覺得費力了，但是她還得要打掃家裡和採買日用品。女兒三個月大時，有天發燒了，不舒服地哭鬧著，他們急忙帶著女兒去看醫生。關娜愛爾極度焦慮，對女兒又抱歉又擔心。醫師診斷說是耳朵發炎，賽德瑞克將她拉到旁邊偷偷說：「耳朵發炎？大家都知道，小孩生病就代表媽媽有問題。」

發生什麼事？

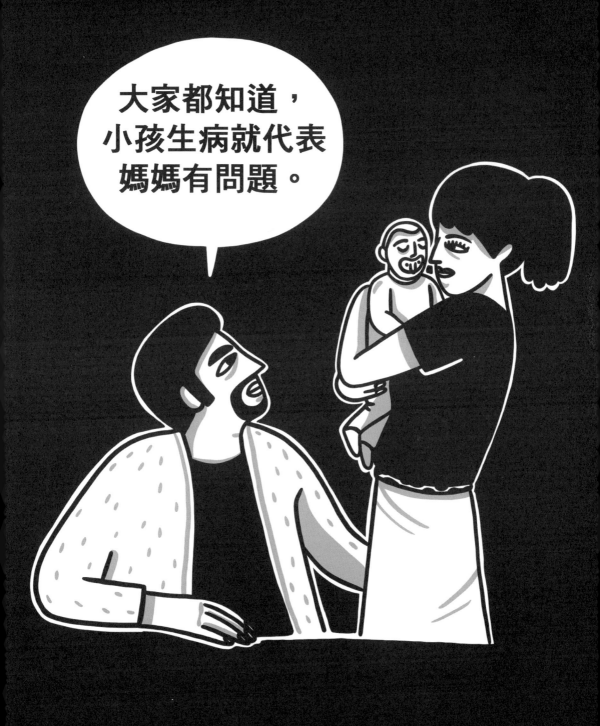

賽德瑞克的操控手法

➡他表現出對女性與對母親的厭惡，這在病態型自戀者身上很常見（女性的病態型自戀者則通常厭惡男性的陽剛和男子氣概）。

➡他透過自身的閱讀口味展現厭女情結，並且惡待懷孕的另一半。

➡他讓關娜愛爾對女兒產生罪惡感。正常人的作法應該是接受孩子生病這種常見的問題（而且只不過是小病！），安慰並且支持擔心的母親。

➡他趁著在醫生面前跟關娜愛爾咬耳朵，讓她無法反應和討論，怕會在第三者面前暴露更多，引發更多罪惡感和羞愧。

➡他貶低關娜愛爾說她讓小孩生病，是個壞媽媽，每次只要小孩身體不舒服他就可以無限次重複這個操作。一旦把這懷疑的種子深植於關娜愛爾心中，那麼毋須他說，關娜愛爾就會自己這麼想。只要小孩一生病，她就會羞愧不已，然後賽德瑞克就能輕易地將她定罪。正常人的做法應該是認可太太的母性光輝，支持她。

➡賽德瑞克表現得像是對母親與孩子頗有研究，非常了解。

➡端著這副「很懂」以及審查者的姿態，他的權力便凌駕於關娜愛爾，同時開了一道裂口，既可打擊她的母愛（如此還能繼續批評她），又可發洩自己的厭女情緒。

➡他說出自己對於母親「全能」（la toute-puissance）的信念（其實是非常陳腐的固執想像），認為母親會導致不好的事發生在孩子身上。

➡他的信念也不切實際，認為人對於疾病可以全面掌控。秉持這信念的賽德瑞克就能怪罪周遭任何生病的人，而不是好好照顧他們。

對關娜愛爾的影響

◎ 賽德瑞克那套製造罪惡感的胡說八道「心理學說」滲透了關娜愛爾的思想，讓她覺得孩子身上發生了任何不好的事情都是她的錯。

◎ 因為焦慮和疲憊，讓關娜愛爾更為脆弱。

◎ 言語攻擊的暴力和緊湊使她狼狽不堪，在第三者面前，讓她有口難言。這份無能為力讓控訴深植她心中。

◎ 面對攻擊性的詮釋，她不自覺地檢討起自己，因為認定她對寶寶有毒害的因素也是不自覺的。

她能做什麼來保護自己？

＊ 意識到對方的控制。阻礙她看清的原因是對方突如其來的控訴性言語攻擊，以及想要盡可能成為最好的母親這般對孩子的愛。

＊ 用帶著興味的眼神盯著另一半看，跟他說：「嗯，有趣的想法！」

＊ 也可以回說：「真是亂七八糟的心理學！」之類的話。

＊ 問問眼前的醫生怎麼想。

＊問其他真正專業的人，或者閱讀論述疾病與心理之關聯的書籍來排除疑慮。

＊把這件事寫下來，釐清思緒，不要忘記。

幾點幫助關娜愛爾的思考：

＊妳認為孩子身上發生了什麼事情都是母親的問題嗎？這種想法從何而來？只是因為賽德瑞克的關係嗎？妳覺得這種想法有道理嗎？為什麼？

＊妳對自己的母親感到憤怒嗎？若是如此，為什麼？這種憤怒對於妳當一個母親有哪些影響？

＊身為女人，妳認為女人不比男人值得尊重嗎？若是如此，何時何地讓妳產生這樣的想法？

＊妳認為母親比起父親，更應該對發生在孩子身上的事情負責任嗎？若是如此，何時何地讓妳產生這樣的想法？

＊現在這個情境與上述問題的答案之間是否有什麼關聯？當下狀況是否與妳留意到的某些因素相呼應？

＊妳該怎麼做才能想到並尊重自己身為母親的尊嚴？妳需要什麼才能自信地建立與自己角色相符的形象？

操控手法：煤氣燈操控法（第38頁），知彼莫若我（第31頁），製造罪惡感（第61頁）

雙腿間的那隻手

　　亞克瑟爾與維爾吉妮各自離了婚，兩人都四十多歲，彼此剛認識不久。他們經常一起度過夜晚的時光。很快地，亞克瑟爾說他戀愛了，每天都要跟維爾吉妮見面。然而，她經常在發生性行為時覺得不自在，卻不太明白為什麼。亞克瑟爾會突然興奮起來，像是高潮，雙眼發直，再也不看她，也不顧她的感受，好像在性之外她這個人並不存在。她花了好長的時去理解……或許對於亞克瑟爾來說，這就是愛吧……。一天早上，亞克瑟爾去找她，他們待會兒要跟維爾吉妮的朋友共進午餐。亞克瑟爾突然說他不是很想去，怕自己會無聊，接著抱怨說自己沒睡好，路上有太多人，他有點頭痛……說著說著，坐在維爾吉妮旁邊的亞克瑟爾突然把手放在她雙腿之間。覺得此番舉止不妥的維爾吉妮拒絕他，但他堅持，還說：「噢，讓我放嘛，我覺得這樣很舒服……」維爾吉妮一再拒絕，終於意識到對方只把自己當成一個消費性物品。亞克瑟爾因此整天都臭著一張臉。

發生什麼事？

亞克瑟爾的操控手法

→ 他裝作難受的樣子扮演受害者，想藉由裝可憐來享受特權。因此，他用發牢騷的口吻強硬要求，施加壓力與情緒勒索，若沒能得到他想要的就擺臭臉。

→ 他認為性行為是為了讓他高興、為了他而做的，而且只要他想要，他就有權利做。

→ 他不尊重維爾吉妮的拒絕，她的所求所想並不作數，她必須「服侍」（servir）。

→ 他利用伴侶的方式就像是使用一個性玩具，不將對方當成一個人來看待。

→ 他將性關係去人性化。正常的做法是與他假裝愛上的維爾吉妮做愛，而不是只發生性行為。

對維爾吉妮的影響

◎ 她不明白兩人發生性行為時那突如其來的不自在出自何處。她沒能發現自己淪為一個物品（還是可替換的那種）。畢竟，這件事無法讓人立刻察覺的。

◎ 兩人做愛的時候，她覺得不舒服，但她什麼都沒說，也沒叫他停下。她應該認為兩人是情侶，做愛是很正常的，就算她不怎麼享受這個過程。

◎ 她拒絕的時候會感覺到一股壓力。如果關係持續發展，而且這段關係對她來說很重要的話，她就有可能退讓，為了關係和諧，就像面對一個任性妄為的小孩那樣屈服。

◎ 維爾吉妮若因此失去了慾望，亞克瑟爾就能夠控訴她有性功能的問題。

◎ 還好她立場堅定地拒絕，而且亞克瑟爾不當的要求讓她看懂了他在玩的把戲。

操控手法放大鏡

扮演受害者（LA VICTIMISATION）：讓自己被當成柔弱的小可憐，裝出需要幫助的樣子。可能以抱怨、發牢騷、追討的模樣出招，在索要特權時、試圖獲取別人不想給予的東西時、抗議自己的無能為力、拒絕負責和控訴他人時，這招非常有用，可說是一種多功能「瑞士刀」般的操作。

她能做什麼來保護自己？

* 意識到對方的控制。讓她一開始看不穿的原因，是她認為做愛是情侶之間的義務（可怕的婚姻義務），以及沒有慾望這件事讓她有罪惡感。
* 若不想，就繼續拒絕與性愛相關的所有事情。
* 別理會亞克瑟爾的臭臉。
* 認真問自己想不想要繼續這段關係。
* 把這件事寫下來，釐清思緒，不要忘記。

幾點幫助維爾吉妮的思考：

* 妳是否習慣用身體與性來換取愛情，就像兌換金錢一樣？
* 妳是否認為若拒絕用肉體交換，妳就會失去愛情？
* 妳是否有權利說不？若否，是在哪裡、何時開始，讓妳產生無權拒絕的想法？如果拒絕了，妳在害怕什麼？
* 妳從哪裡、從何時學到必須自我犧牲才能維持一段關係？這可以只關乎性愛，也可能擴及更廣的層面，這是一種以自身交換的概念，讓妳失去界限，妳的內心深處也不希望如此。在哪裡、何時開始，讓妳產生無權拒絕的想法？如果妳拒絕了，會發生什麼？
* 妳是否感覺自己從來沒有性慾？這是否與妳無法說「不」有關？所以妳也說不出「好」？
* 現在這個情境與上述問題的答案之間是否有什麼關聯？當下狀況是否與妳留意到的某些因素相呼應？

＊妳需要什麼才能開始重視自身的性慾？該怎麼做才能真心接受單身比不快樂地在一起更好？

操控手法：去人性化，扮演受害者（第73頁）

要做又愛嫌

　　瑪歌一週工作六天，包括週六，部分原因是她的另一半亞瑟無法好好工作，另一部分的原因則是她自由接案的工作生意不錯。總的來說，她很滿意。亞瑟則主張人活著並非為了當工作的奴隸，他是個知識分子、藝術家，他是個創作人！他勇敢活出自己，並且承擔後果。他也想度假，也想買帥氣的衣服，買車，也想要有能夠負擔舒適公寓生活的好工作。缺錢的時候，他就開始生氣，而瑪歌則是一直在工作。可是亞瑟一點也不感謝她，視她為女工，是個屈服於制度下的奴隸，就像是共犯。工作之餘，瑪歌還要照顧四個小孩、帶孩子去上學、到托兒所接他們回家、購物、做飯……。不過，週六的時候，亞瑟會打掃公寓。他會發牢騷，指責瑪歌很髒，不注重衛生，讓瑪歌覺得有罪惡感，主動提議說週日和他一起打掃，分擔家務。可是，亞瑟依然在週六打掃……然後繼續指責瑪歌。

發生什麼事？

亞瑟的操控手法

→ 亞瑟讓另一半處於「雙重束縛」（double lien）：要求兩種無法同時完成、相互對立的事情（同時要工作又要在家）。而他，則稱自己只不過是說瑪歌從不打掃家裡而已。

→ 他成功讓瑪歌對於週六工作產生罪惡感，即使她這麼做是為了家庭開銷。這種操控為的是自己無法賺取足夠的收入。

→ 亞瑟嫉妒瑪歌工作多到一週有六天都得工作，而自己的工作卻不怎麼樣。

→ 他得仰賴伴侶方能自我感覺良好：打掃家裡被他定位成比起負擔家計還要重要、更有貢獻的事。正常的行為應該是如果自己想週六打掃就週六打掃，畢竟考慮到另一半這一天還在工作，這只是一種合理的平衡。

對瑪歌的影響

◎ 面對無法同時做到的兩種請求或是需求,她感到左右為難:確保家庭開銷生活舒適,又要在外出工作的日子在家裡打掃,這兩種情況無法並存。

◎ 她提出一個替代方案:在週日打掃。但她沒有意識到操控者拒絕這個提議,是為了能夠繼續施壓他。

◎ 她感覺週六必須要工作,但又對此懷有罪惡感。

◎ 她無法全心為自己的成功感到開心。

◎ 每週六回家的時候,她都很緊繃,因為知道自己又要被指責。

操控手法放大鏡

雙重束縛(LE DOUBLE LIEN):利用權威或是罪惡感來要求別人兩件無法同時間做到的事情。當對方做了其中一件事,他就可以指責另一件對方沒有做到的事,如此自己便永遠能夠指責對方,讓對方覺得又難過又混亂,自己則可坐擁權力。

她能做什麼來保護自己？

* 意識到對方的控制。由於無法同時完成的要求（雙重束縛）導致混亂，以及瑪歌想做好的意念造成自己的罪惡感，這些使得她無法看穿對方的操控。此外，傳統的家庭角色分配是先生外出工作，太太照顧家庭（時代在改變，但這種思想依然根深蒂固），可是在瑪歌的家庭中情況相反，這加重了她的罪惡感（這是「我該做的」才對……）。

* 看懂這種操控手法就只是個圈套，目的在於抬高亞瑟的價值，掩飾他賺不到錢的無能為力。

* 她可以這麼說：「家裡需要物質方面的保障，而決定在週六打掃是你的選擇。」語氣必須平靜，不必為自己辯護，也不要讓討論扯遠。如果需要的話可以重複說，不必畫蛇添足，保持冷靜。

* 週六回家前先做點讓自己舒心的事情，放鬆心情，照顧自己。

* 計畫週六晚上的活動，讓自己當天盡可能不遇見亞瑟。

* 獨立出一個家用帳戶，要求亞瑟跟她各出一半，不要自己做到虛脫來填補不足。這必然會引起衝突，但也意味著她將不再為此承受指責和自我犧牲！

* 把相關事件寫下來，釐清思緒，不要忘記。

幾點幫助瑪歌的思考：

* 妳是否習慣獨力扛下所有責任，哪怕代價是要犧牲自己？若是如此，是在什麼樣的情況下？這樣的念頭是何時開始產生的？是從結婚開始的？或是更早之前？

＊妳是否習慣提供協助，卻從未考慮這樣的提議會對自己造成什麼影響？

＊妳是否允許自己考慮到自己，包括自身的幸福與自身的疲憊？

＊現在這個情境與上述問題的答案之間是否有什麼關聯？當下狀況是否與妳留意到的某些因素相呼應？

＊妳要怎麼做才能停止自我犧牲？才能開始看到自己、照顧自己？妳必須採取什麼行動才能停止感到內疚？

操控手法：雙重束縛（第79頁）

我最有品味

　　愛德華（其實他原本叫凱文，但他比較喜歡愛德華這個名字）與小玉同居一年了。

　　愛德華是個雅痞，很注重形象。每天早上，他待在浴室整理儀容的時間世紀無敵久，因為他要吹捲小鬍子、梳順落腮鬍、保養皮膚。他也非常注重穿搭，治裝花費毫不手軟，經常為此超支。他吹噓自己有著特殊的品味，這稀有的天賦讓他能在時髦的服飾店擔任銷售。被他征服的女友小玉也滋養了他的自尊心。小玉是歐亞混血兒，美麗動人，學歷優秀，很有魅力。好多人都曾追求小玉，愛德華以他無以倫比的魅力「奪得勝利」，至少他是這麼想的。未免夜長夢多，在愛德華堅持之下，兩人很快同居了。這沒什麼不好，因為小玉身居要職，薪水也不錯，但愛德華堅持同居的理由並非如此，他說都是因為愛，火熱的愛。如此深深被愛，讓小玉很感動。愛德華超級愛美但膚淺的審美觀讓小玉感到新奇，也讓她可以稍微走出忙到像是被工作追殺的人生。幾個月後，氣氛改變了。愛德華開始貶低小玉的品味，譏笑她像個「書呆子」，會因為她晚下班回家而抱怨。總之，他沒有高興的時候，永遠在批評，臭著一張臉。這天，小玉買了幾個新的玻璃杯，顏色繽紛又歡樂的大玻璃杯，價格不便宜。因為自認沒什麼品味，小玉特地去時尚潮店請銷售員推薦。愛德華回家看到時，很難得地，他覺得杯子漂亮。小玉很開心，她終於做了對的選擇！就在她微笑的時候，愛德華加了一句：「不過這些杯子有點重，還有這些顏色，不覺得有些俗氣嗎？」

發生什麼事？

愛德華／凱文的操控手法

→ 他把自己塑造成時尚與優雅的評論家與代言人。他所作所為，包括改名，目的都是為了讓形象更完美，但這不過是個假象。他與小玉在一起只是因為她的美貌與高學歷，攻陷了她就等於多獲得一座獎盃。再者，他沒有小玉那般的優雅或是才華，於是他努力摧毀她，既可為自己雪恥，又能確保自己握有凌駕於對方的力量，亦即毀滅的力量。

→ 當他看到新玻璃杯，表現出滿意的樣子，但又不能接受小玉因此開心，於是他使出一招「剝奪喜悅」（vol de la joie），用批評「遏止」小玉感到心滿意足。他受不了別人的喜悅，樂見他人的失望、不幸、煩憂、羞愧。他唯一能忍受對方擁有的正面情緒是對他的仰慕與感謝。

→ 正常的行為應該是感謝伴侶的用心，說玻璃杯很漂亮（這也是事實），也為自己的稱讚能讓對方開心而高興，不再加上任何一句負面意見。

→ 他不明白人在做某一件事的時候感到快樂，可以不是為了抬高身價，純粹是為了讓另一個人開心（對他而言，每個人做事都只可能是為了自己的形象）。利他主義是他無法想像，也無法忍受的。唯一該受到重視的人，是他。

→ 他無法想像除了自己以外的人做出值得誇讚的事。

→ 他拒絕感恩，認為這是一種貶低自己的情感。

→ 他長期處於不滿的狀態，如此才與他的「高貴」相稱。

對小玉的影響

◎ 她很想讓愛德華滿意,而且以為有可能做到。她懷著希望選了那些玻璃杯,確切地說,她希望這些杯子能夠取悅他,讓他高興。

◎ 在她試圖讓愛德華開心的事物上,她表露出自己的喜悅,但這份幸福很短暫。她原本有多開心,受到愛德華批評的當下就有多痛,猶如心情洗了三溫暖,或是坐上雲霄飛車,讓她備受打擊。

◎ 她會貶低自己,因為這次的選購又失敗了!

操控手法放大鏡

剝奪喜悅(LE VOL DE LA JOIE):盡一切可能讓對方無法持續感受到某些情緒,像是寧靜、喜悅、快樂、滿足、自豪。做法很多種:貶低對方或者貶低為其帶來喜悅的事物,埋下懷疑的種子,突然發怒(即便是為了別的事情生氣),宣布一個壞消息等等。這招在睡前特別有效,能讓對方睡不著,心情也難以復原。操控者能夠有效支配對方,讓被操控者完全逃脫不了壓力,並且透過冷熱交替,加重被操控者混亂的心情。

她能做什麼來保護自己？

* 意識到對方的控制。她會卡住，是因為對方突如其來的攻擊導致她心情混亂，像是洗三溫暖，讓她無法思考，以及誤以為有希望討好愛德華。
* 別再試圖讓愛德華開心，因為這是不可能的事。
* 選購玻璃杯要因為自己喜歡，要因為做這件事會讓自己開心。
* 先想像愛德華不會滿意這些玻璃杯，因為這就是他的作風。
* 如果愛德華面露滿意，不要表現出開心的樣子，保持鎮定地說：「玻璃杯嗎？喔對……」
* 把這件事寫下來，釐清思緒，不要忘記。

幾點幫助小玉的思考：

* 取悅別人這件事為什麼會讓妳感到喜悅？除了被感激而開心，有其他的原因嗎？
* 只有取悅別人，妳才能感覺被愛嗎？妳是不是認為如果不做些什麼讓別人開心的事情，自己的生命就毫無意義？若是如此，這種想法是從何時、何處開始產生的？是誰讓妳這麼想的？
* 妳知道如何取悅自己嗎？妳能夠將讓自己開心滿足當作重要的事來看待嗎？如果不行，是從何時、何處開始，她如何學會忘記自己？
* 現在這個情境與上述問題的答案之間是否有什麼關聯？當下狀況是否與妳留意到的某些因素相呼應？
* 妳需要怎麼做才能開始學習取悅自己？

操控手法：剝奪喜悅（第85頁），貶低對方。

鐵口直斷

　　巴斯卡是體育老師，剛換到新學校，認識了數學老師蘇菲。他熱烈追求蘇菲，而且為了吸引她的目光，巴斯卡展現他在心理學方面「豐富的知識」，蘇菲也聽得津津有味。蘇菲是個開放而且充滿好奇心的人，而且她明白心理因素對於教學有很大的影響，所以她也很關注這方面的知識。她覺得巴斯卡很有趣，充滿魅力。兩人開始戀愛，但蘇菲很快便發現巴斯卡喜歡為他遇見的每個人給出一個片面的心理特質診斷，無論是學生或是同事。她也知道，巴斯卡對某些特質不是那麼喜愛，雖然他並不承認，還誇耀自己對人「並非論斷」，很客觀，近乎「科學」！他自己擁有最好的特質：具同理心、體貼入微、討人喜愛；蘇菲在他眼中，則是比較冷淡、知性、理性，所有感受都經過理性的計算。當蘇菲嚷著他給出的評價與自己並不相符時，他洋洋得意道：「看吧！又是理性思考、邏輯推論。對妳來說，生活就如同數學。」巴斯卡想盡辦法說服她，用人們對重症病人說話的方式持續溫柔地勸說……當然，絕無任何論斷！

發生什麼事？

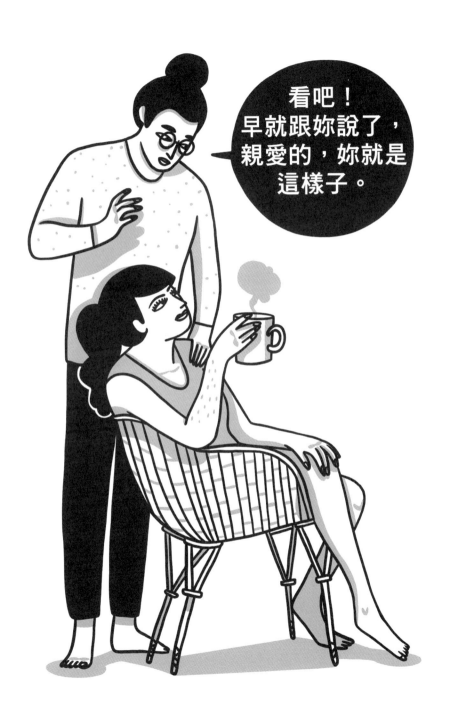

巴斯卡的操控手法

→ 他的博學多聞是詐騙的假象，是為了吸引人的一種操作。他使用偽心理學來取得對蘇菲的影響力，讓她對自我認知產生懷疑，甚至懷疑自己的心理健康。

→ 他裝出自己比蘇菲更了解她的樣子，建立在自己無所不能的妄想之上，擅自解讀她的內心。他認為自己（或者裝作）無所不知，能看透他人內心最深處。要麼陷入偏執妄想，對自己做出的詮釋無比自信，要麼故意用東拼西湊的論點去壓過對方。

→ 他的「診斷」明明是價值評價，他卻不承認，為了顯得客觀。既然他很客觀，他就（自己認為）一定是對的！

→ 他貶低蘇菲，貶損他人抬高自己的操作讓他看起來比蘇菲更出色。

→ 他用謬誤的論點：「妳如果自我辯護，那我就說對了！」讓他的詮釋暢行無阻，要麼對方同意他評斷正確，要麼對方自我辯護，那他就說對了。總之他絕對正確！

→ 他言語中透露降貴紆尊之感：他認為蘇菲是個沒有自覺的傻子，有點可憐她，對她顯露出一種帶著輕視的虛假同情心（也就是說，巴斯卡堅信自己比蘇菲優越，因此產生同情）。

對蘇菲的影響

◎ 她很善良又容易自我反省,所以會把操控者的話聽進去,因為他是如此自信,如果他說對了呢?這也是一種「煤氣燈操控法」,讓對方懷疑自己的心理健康。

◎ 她不知道該相信什麼:他拋出亂七八糟心理學知識時所傳遞的價值判斷?還是他的口頭否認,說他並非論斷?是自己想像巴斯卡在論斷,而且事實上她的確自我辯護,無法接受自己是個只有大腦的冷酷女人?還是巴斯卡沒有意識到自己不夠健全的心理思想,用貶低他人來抬高自己身價?她為此感到困惑,更加強了「煤氣燈操控法」的效果,並且讓自己更容易被巴斯卡的論點「滲透」。

◎ 操控者裝作比她更了解她自己、更知道她完全沒覺察到的事,這加深了她的困惑。事實上她明白人們永遠無法百分之百了解自己,而巴斯卡就是從這必無可避的盲區進攻。

◎ 評判的目光讓她覺得受到壓迫、感到羞恥,如同每一次我們被剝削、被圍剿、被監視的時候,我們其實並不想如此,卻無從躲藏。若是想把自己藏起來,只會讓對方覺得他是對的,並且加深自己的羞恥感以及懷疑自己的心理健康。因此,只好忍受這種羞恥感,不然自我辯護的話,羞恥感會更強烈。

◎ 她的真實自我並未被承認,而是被歸到與她毫不相干的境地。她知道,也感覺到這點,所以激起了她的憤怒。

◎ 因為覺得氣憤和羞恥,她感到混亂不安,自問:難道這意味著操

控者是對的？或許她真的心理有什麼問題。

◎ 她好像陷入了二選一的困境：若要維持兩人關係，她就得忍氣吞聲（畢竟這似乎只是普通的小齟齬）；若是她反駁他似是而非的言論，除了再製造衝突，更損傷了她心目中巴斯卡的形象，自己會不信任他並且逐漸遠離他，危及他們剛開始沒多久的感情，再說自己還不完全肯定他真的有錯，或者有什麼大錯。

她能做什麼來保護自己？

＊ 意識到對方的控制。讓她無法清晰明辨的原因是她不確定巴斯卡有錯，或者兩人的意見分歧很重要。「煤氣燈操控法」的運用並不容易被察覺。

＊ 只聆聽不反駁，讓情感操控者把自己的言論和他對世界的幻想留給他自己就好。

＊ 說：「對齁，這是你的專長！」然後聳肩或是輕笑，像是面對朋友的奇思異想或不太重要的迷戀事物的反應。

＊ 和信任的親友聊聊，甚至與心理學領域的專業人士談，確認一切都好，情感操控者的言論是錯的。

＊ 把這件事寫下來，釐清思緒，不要忘記。

幾點幫助蘇菲的思考：

* 在與巴斯卡交往之前，妳是否就會懷疑自己？若是如此，在何種情況下、與誰、何時讓妳學到習慣性地檢討自己，不敢相信自我的一致性和自我認知？

* 面對他人的一致性時，妳會不會經常抹除自我的一致性？若是如此，為何？妳這麼做的時候，想要的是什麼？

* 對於自己的想法，或者更廣地來說，對於自己本人，妳有什麼樣的看法？

* 妳是否在人生的某個時間點發現到自己最好閉嘴不談自己對自己和事物的看法，尤其當妳的意見與別人的意見不同，甚至相反的時候？若是如此，何時發現的？因為誰？為什麼？發生了什麼事？

* 現在這個情境與上述問題的答案之間是否有什麼關聯？當下狀況是否與妳留意到的某些因素相呼應？

* 當覺得聽到的言論並不正確時，妳該怎麼做才能不要再一直質疑自己？

操控手法：知彼莫若我（第31頁），雙重束縛（第79頁），侵擾（第301頁）

工具人

雨果已經盡力了，但做什麼都不對，永遠都不對！維若妮卡嫁給他二十年，她一直以來很會花錢，而且花得越來越多，還嫌他賺不夠多。在床上，她要求他讓她高潮，但她很被動，都不動，冷冰冰，然後責怪他都做不到，和她一位舊情人相反，拿他來做比較。維若妮卡看著他，雙臂交叉，在家裡當女王，開口就是貶損他做的事，尤其還抱怨他打掃時製造出來的灰塵。掃除結束後，家裡又變回安樂窩，她享受著舒適，一句感謝或認可丈夫辛苦的話都沒說。有天晚上在朋友家裡，維若妮卡得知朋友家的壁紙剛換，她立刻在雨果面前大大讚美朋友換壁紙的技術以及品味很好。雨果選擇一句話都不說。

發生什麼事？

維若妮卡的操控手法

→ 她有各種道理能證明雨果在各種領域有多麼令人不滿意。正常的行為應該是偶爾也要向對方表示感謝。就算他是人，因此不完美，總該也有什麼是能夠讓她欣賞的吧。

→ 她故意讓他陷入困境，然後為此責怪他。

→ 這麼做，她讓他承擔她的責任：她的衝動購物、她無法達到高潮、她在家裡的無所作為。她讓他成為自己的心靈垃圾桶。

→ 她打算繼續剝削他，並且繼續對他不滿意。

→ 事實上，她很嫉妒他的才能。

→ 她透過羞辱他來報復：現在對朋友做的小事用如此誇張的言語大表讚歎，對比平時對雨果的貶低有多難聽，這波操作所蘊含的反差羞辱力道就有多強烈。這個舉動和她說有另一個男人讓她高潮是一樣的意涵，但在公開場合說出來更強化了羞辱感。

→ 這件事說明了她能夠欣賞別人，也清楚點出她平常不讚美雨果是故意的。她刻意貶低他，表現出的態度是雨果所做的每一件事都不值得感謝或是讚美，即使她舒服開心地享受著那些成果。

→ 她從這些情形中得到施虐的快感。

對雨果的影響

◎ 他左右為難：要麼反擊，說出他希望她能認可自己，如此又強化了維若妮卡對他的掌控；要麼他靜靜吞下這羞辱。無論哪一種，他都掉入陷阱，而維若妮卡則從中得到快感。

◎ 他各方面受到攻擊：受到她在用錢方面的影響力、她在性方面的影響力、自己在木作方面的才華、自己為家庭付出的精力……等等。

◎ 他懷疑自我價值，使自己深受折磨，太多事困擾著他，最後擊中他內心最深處。

◎ 想要維持婚姻，為了生活平靜，他就得依然想辦法滿足她。不過終歸徒勞，裝睡的人永遠叫不醒。

操控手法放大鏡：

比較（LA COMPARAISON）： 把被操控者或是他做的事與別的對象做比較，證明被操控者比較醜、沒能力、不夠好、做不到或者很爛等等，總之比那位對象差就是了。這能夠羞辱被操控者，傷及他的自尊，證明取悅她是有可能的事，曾經有別人讓操控者滿意過，同時製造被操控者與這個對象的不合。如此一來能讓被操控者產生想與此對象比較競爭以雪前恥的心態，進而掌控被操控者，繼續剝削他。

他能做什麼來保護自己？

* 意識到對方的控制。羞辱感阻礙了他的思考，習慣受到貶低打擊讓他自尊受損，是這些導致他看不穿對方的操控。
* 別再試圖滿足她，要了解想達到這個目標無異於緣木求魚。
* 反之，尋求自我滿足，認可自己。可以寫一份工作日誌，記下自己所成就的事，每天睡前留些時間鼓勵自己。時不時複習這份日誌，清楚感受自己做過的事情，拍些像是「從前／現在」（before ／ after）的照片，甚至不妨分享在社群媒體，可以收到其他人的回饋和認可。正常情況下，我們不需要做這些事情來獲得認可，而是從中獲得勇氣繼續下去，肯定我們做的事。
* 雖然這個建議政治不正確：找個情婦，恢復自己的男子氣概。
* 意識到她故意不表示對他的感謝和讚賞，為了讓他疲於奔命，便於掌控，更深層的意義是，不必承擔自己不夠好的現實責任。
* 不回應，現在不回應，以後也別回應，讓她沒有機會觀賞羞辱他的結果，無法從中得到快樂。
* 把這件事寫下來，釐清思緒，不要忘記。

幾點幫助雨果的思考：

* 你的自尊強度如何？足以認知自己的作為有其價值嗎？足以讓你感到自豪嗎？若不能夠，你在害怕什麼？為什麼？
* 你的生活中經常受到貶低和欠缺認可嗎？若是如此，與誰有這個問題？何時？在哪？

＊ 你的生命歷程中有沒有別的人，尤其是別的女人，是你曾經無法滿足或者無法「讓她高興」的？是否與母親有某種方式（當然不是指性方面）的連結？與父親呢？還是與父母親都有？當孩子察覺父母親不快樂的時候，經常會想要讓他們變得快樂。達不到，一方面是因為快樂不取決於他人，另一方面是因為孩子的資源有限，以及身為孩子是無法成為父母的「治療師」的。然而，這份「失敗」卻緊隨他們許久……

＊ 現在這個情境與上述問題的答案之間是否有什麼關聯？當下狀況是否與他留意到的某些因素相呼應？

＊ 他能夠運用哪些資源來肯定自己所做的事，並且為此感到滿意？

操控手法：比較（第97頁）

心機女

　　馬克辛和巴提斯特可說是從小穿同一條褲子長大的朋友，什麼都彼此分享。兩人一直很有默契，有一樣的笑點，也不時分享看過千百遍的電影台詞或是一起玩的電動遊戲小趣事。即使生活工作讓彼此之間不再像從前那般密不可分（因為巴提斯特出國工作了），兩人透過書信往返，長遠的友誼持續不輟。三十歲的時候，馬克辛認識了卡洛琳，一個孩子般的女子，馬克辛覺得她很迷人，雖然她有點難搞，還有點任性。根據卡洛琳的說法，馬克辛不是個有趣的人，壓根書呆子樣，穿著不得她意，也不懂得說她想聽的話。卡洛琳不喜歡馬克辛維持與巴提斯特的遠距離友誼，兩人之間交換著她無從得知的私密心事。有一次巴提斯特到巴黎，想跟他們倆一起吃頓晚餐，第一次與卡洛琳見面。可是她幾乎整晚臉色都不好看，在巴提斯特離開之後，她卻對他大為讚賞：「他很風趣，精緻、優雅。」她說這話時，眼中閃著光芒。這讓馬克辛對巴提斯特升起一股又痛又難受的競爭心。

發生什麼事？

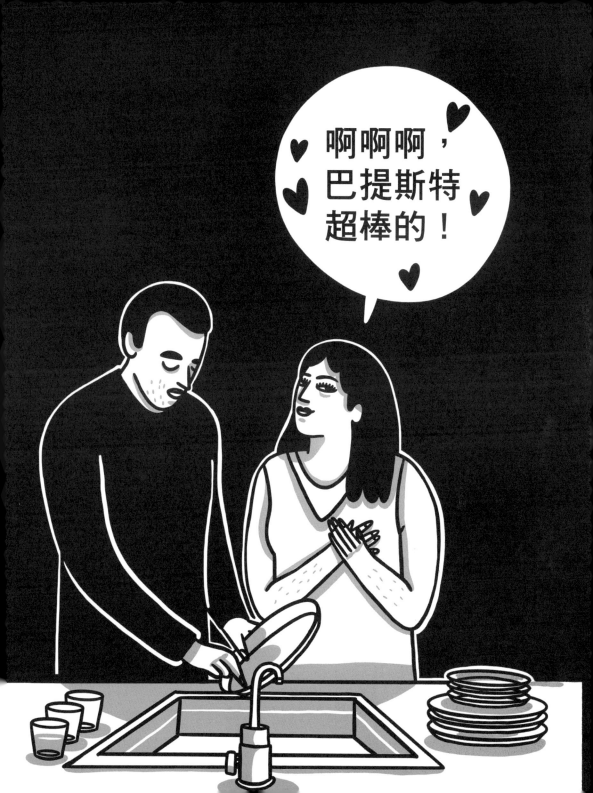

卡洛琳的操控手法

→ 她對巴提斯特的誇張讚美默默導致兩個男人之間的競爭。她拐彎抹角地表達她可能受到巴提斯特的吸引，致使馬克辛的這位好朋友變成他的潛在競爭者。

→ 她在長久以來關係緊密的兩人之間製造一股張力。

→ 藉著打擊馬克辛的自信，暗中破壞他與巴提斯特的友誼並且孤立他，這樣他就不會再與巴提斯特分享私密心事了。以後馬克辛跟她吵架時，就沒有朋友的支持，完全任由她擺布。

→ 若是馬克辛控訴她想要將他與巴提斯特分開（還得要他先意識到這一點），她可以從容不迫地駁斥他的話毫無道理，正因為她說了她有多麼欣賞巴提斯特。她可以因此控訴他嫉妒、不成熟、心懷惡意……等等。

→ 她很羨慕這份堅若磐石的長久情誼，她的生命中不存在這樣的友誼，由於她的個性，導致沒有一種關係能夠長期維繫。

對馬克辛的影響

◎ 他驚訝自己竟然會覺得與好朋友在競爭，這也讓他覺得有點丟臉。

◎ 他怕卡洛琳會愛上巴提斯特，所以未來會減少三人見面的機會。

◎ 同樣地，他也不會再那麼常跟巴提斯特往來，就算只是兩個人見面。

◎ 他未來想到巴提斯特或者跟他在一起的時候，都會想到卡洛琳欣賞巴提斯特的優點以及比較兩人（若她貶低或責怪馬克辛，就表示他就比較差）……最後他會對巴提斯特生氣，為什麼他要這樣，可是他的特質又剛好是他喜歡的。

◎ 就算他跟卡洛琳分手，這道有毒的軌跡也需要很長的時間才能消除，如果能夠消除的話。

操控手法放大鏡

孤立獵物（L'ISOLEMENT DE LA PROIE）：讓被操控者周遭親友，最典型就是朋友和家人，都遠離他。可能使出各種手段：製造不合、詆毀中傷、情緒勒索比如「有他們就沒有我」……這也使被操控者沒能求助周遭親友，更容易被操控剝削，因為被操控者沒人可傾訴，吐露心事，信任倚靠，提醒找回理智。

他能做什麼來保護自己？

* 意識到對方的控制。讓他看不穿卡洛琳的原因是他對嫉妒朋友感到丟臉。

* 別疑心生暗鬼，無論是對自己的優點或是對好友的忠誠都別心存懷疑。

* 當卡洛琳高聲讚美巴提斯特，順著她的話說：「我同意妳說的話！」然後接著說：「而且啊……」最後說：「就是這樣所以我喜歡他……」。只要她受不了自己以外的另一人受到這麼多的讚美認可，就有機會使她停下詭計。

* 當他看穿她玩的把戲，就馬上跟巴提斯特談談卡洛琳試圖分化他們的操控。與巴提斯特結盟，一起對抗卡洛琳的操控。

* 把這件事寫下來，釐清思緒，不要忘記。

幾點幫助馬克辛的思考：

* 你過去是否曾受到背叛？若有，那些經驗是何時？如何發生？被誰背叛？你有沒有感覺痛苦、悲傷、生氣、厭惡？

* 你過去是否曾有沉痛的競爭經驗，無論是勝或敗？若有，何時？與誰？朋友、兄弟、父親，或是別人？

* 你是否為低自尊的人？若是，你留意過原因是什麼嗎？你對自己的要求是否過高？你對自己的評量是否過於嚴苛，只看那些沒做好的地方？

* 現在這個情境與上述問題的答案之間是否有什麼關聯？當下狀況是否與你留意到的某些因素相呼應？

* 你需要什麼才能產生自信、相信友誼？

操控手法：比較（第97頁），製造不合（第173頁），孤立獵物（第103頁）

紅粉知己

　　娜蒂雅離了婚，有兩個小孩。四十歲左右的她，遇見了朱利安，兩個孩子的爸。她像是活在夢中：朱利安對孩子很好，他們處得不錯，而且他手頭很寬裕，會帶他們去美輪美奐的地方度假，很寵他們。很快，兩人的關係出現了一點小阻礙：朱利安開始責怪她，說出一些貶低她的話；他會突然生氣，只為了一些瑣事，讓她驚訝不已；在性事方面，他時不時會「有點」強迫她，但她將此歸咎於他跟朋友喝多了，他的朋友都很迷人，都很有錢。他們之中，有一位女子，名叫莎洛美，是朱利安「永遠的朋友」。她也非常迷人，常來家裡作客。娜蒂雅與她越走越近，很信任她，會向她訴說與朱利安之間的問題。兩年後，她在忘了關的電腦上發現一個未知的電子信箱。好奇的她點進去看，發現竟是朱利安與莎洛美通信用的祕密電郵地址。一封封信件看下去，有些奇怪而不真實的感覺，她看見自己的私密情事，還有一些甜蜜甚至情色的話語。對照了日期與事件，她終於明白，從她認識他那天起，所謂「永遠的朋友」根本就是朱利安的情婦！

發生什麼事？

朱利安的操控手法

→ 他一開始就不忠誠：以朋友的身分將情婦帶入情侶關係之中，使娜蒂雅生出信任。從一開始朱利安就享受著與莎洛美障眼法的關係，後者也參與其中，濫用她的信任。在這雙面生活中，第二個女人自然不是以朋友的身分介入兩人的關係之中⋯⋯

→ 透過娜蒂雅對他情婦視為朋友訴說的話，他得以收集伴侶沒有要給他的資訊，更容易掌控她。

→ 他不想給這段關係一點點正常發展的機會。他從一開始就在玩弄她，根本沒有所謂失誤或不可控制。當一段戀愛關係開始，一般人都會停止其他戀愛關係的發展，若是選擇進行多角關係，也會跟伴侶說清楚講明白。

→ 他說謊又隱瞞事實。

→ 這情形有諸多層面都讓他暗爽：除了性事的樂趣本身，欺騙另一半帶給他高人一等的感覺，某種程度上對方在自己的掌控支配之下，因為自己知道她不知道的事。他跟情婦做愛，兩人有默契地背叛娜蒂雅，用欺騙將她捏在手心裡，利用她，輕視她。

莎洛美的操控手法

➜ 她的操作讓自己得以擁有朋友的身分，藉此收集資訊，分享給她的情人。

➜ 背叛者和雙面間諜的身分，以及能夠控制和蔑視娜蒂雅的姿態，都讓她沾沾自喜，因為自己嚴重地欺騙和背叛她，傷害她來抬高自己的身價。莎洛美沒有一絲一毫的顧忌、一絲一毫的不好意思，她就是朱利安操控娜蒂雅的共犯。

操控手法放大鏡

狼狽為奸的兩名病態自戀者（DEUX PERVERS NARCISSIQUES ASSOCIÉS）：
有時候兩名病態型自戀者會合作，可能是工作、友誼或戀愛關係。這種合作關係並非一直靜止不變的：他們聯合起來傷害他人，一起享受欺負別人，造成加倍的毒害，但彼此之間也是充滿操控、騙局、各種病態的行為。其中一人掌控另一人，導致第二個人像是被操控者，這樣的情況也很常見。而我們能在他們的二人關係之外，透過後者表現出的各種跡象認出他也是病態型自戀者。

對娜蒂雅的影響

- 她以為在經歷和經營一段戀愛關係，但卻錯得離譜。她看不到發生了什麼事，她或許有感覺到什麼，卻沒認真看待（在這種情況下，我們總會有所察覺的，任何祕密都瞞不過潛意識）。
- 她給予她愛的男人和這名女性朋友不值得的信任，被嚴重欺騙、背叛。
- 我們不以世界的真貌去看它，而是以自己的樣貌去看世界。娜蒂雅根本想像不到這種狡猾惡毒的情況。
- 她被剝削、被謊言綑綁。
- 她傷透了心，沉浸在羞辱之中，自信心大受打擊。有時候她會覺得想結束這一切。
- 她也覺得很憤怒，有天晚上她等到莎洛美來，打了她，讓自己陷入不利的境地。

操控手法放大鏡

濫用信任（ABUS DE CONFIANCE）：第一時間哄騙被操控者，用自己沒有要遵守的承諾、謊言和畫出的大餅（見第199頁「合理的請求」）讓她產生信任感。接下來，一旦被操控者上當受騙，操控者就能盡情享用被操控者獻給自己的一切，而不必操心忠誠或是互相的問題。他劫掠被操控者的財富，無論是物質方面、心理方面、性慾方面、關係方面等。一旦這種濫用被發現，操控者便享受看著被操控者懊惱，用攻擊被操控者的態度為自己辯解，證明一切問題都是被操控者的錯。

她能做什麼來保護自己？

＊ 意識到對方的控制。讓她看不穿的原因是她想像不到這樣的雙重背叛。通往真實的道路長且阻，但絕對能抵達彼岸。於此之前，且聽從心中直覺，必能縮短這段路途。

＊ 別一哭二鬧三上吊（會壯烈犧牲），這會造成讓她痛苦的結果。情感操控者會以攻擊代替防守，把一切的控訴反擊回給她，讓她更為困惑和痛苦。

＊ 別使用暴力，暴力只會讓她陷入不利的境地，特別是面對法律的時候。

＊ 諮詢專業人士，好好解決問題，保持活力，照顧好自己。

＊ 在身邊親友之中找一個寬厚又不會盲目站在自己這邊的人，跟他談談，緩解憤怒和恐懼。

＊ 把這件事和相關事件寫下來，釐清思緒，不要忘記。

幾點幫助娜蒂雅的思考：

＊ 妳在過去是否曾有被濫用信任的狀況？若有，是哪些？被誰濫用？何時發生的？在孩提時？還是在其他戀愛或友情的關係？

＊ 妳有過直覺但被自己否定的經驗嗎？妳知道為什麼自己不聽從這些直覺嗎？

＊ 妳清楚自己的界限在哪裡嗎？妳能不能畫出界限，要求其他人遵守？如果不能，為什麼？

＊ 妳是否認為必須接受一切才能被愛？

＊ 現在這個情境與上述問題的答案之間是否有什麼關聯？當下狀況是否與妳留意到的某些因素相呼應？

＊妳需要什麼才能聆聽內心的直覺，並且堅定地畫出自己的界限？

操控手法：濫用信任（第110頁）

想要這個？我給你……別的！

　　保羅覺得自己孤單又悽慘。工作壓力很大，不只壓力，又急又多的工作，好像永遠做不完。太太克莉絲汀永遠不高興，動不動就跟他吵。保羅實在沒辦法向她吐露自己的煩惱，因為她只在乎自己，以及如何花光他戶頭裡的錢。孩子們……就是孩子，他們還小，而且不管怎麼說，保羅也不認為該向孩子訴說自己的煩惱。所以他決定養隻貓。他想像腿上窩著一隻柔軟滑順打著呼嚕的小東西，牠給他帶來的微笑，是能讓他真心發笑的小小丑兒，他想像著人們與寵物溫柔相處的私密時光：毋須言語，愛便滿盈。他養過一隻貓，小小的，胖胖的，是隻米克斯，貓咪死的時候他哭得很慘。養寵物的話，當然選貓，有隻貓會讓他好過很多。他跟孩子說想要養貓的時候，他們也歡聲雷動。克莉絲汀沒有反對，真令人意外。保羅想要從動物保護協會領養一隻貓，他說，這對他很重要。世界上有這麼多被棄養的可憐動物……他深受觸動。有一天，克莉絲汀宣布她要給家人一個驚喜，保羅也不知道是什麼驚喜。他們去到一處名種貓養殖場，她已經在那裡預訂了一隻。為了不讓孩子們失望，保羅什麼都沒說，只開出一張高價的支票，傷悲與憤怒如鯁在喉。

發生什麼事？

克莉絲汀的操控手法

➜ 她偷樂著假裝給予保羅對他重要的事物，但實際上卻非如此：他想要一隻貓，她就給他一隻貓。而且因為是一份禮物（是她找的貓，雖然是他付的錢），她還等著他道謝。

➜ 她讓保羅做出不符合自己渴望與價值觀的事。

➜ 她硬塞給他一個長期伴侶，日後看到牠就會想起被逼的事。

➜ 她讓他花了比預期更多的錢，做了一筆他不想要的交易。表面上送他一個（下了毒的）禮物，實際上是在找碴。

➜ 除了預先下訂貓咪，她還利用孩子逼得他沒有其它選擇。

➜ 她踐踏保羅的美好價值，那是她非常嫉妒的，於是剝奪他的喜悅釀成自己的歡愉。同時，保羅被迫道謝和為了孩子而假裝開心，這也讓她暗爽在心。

➜ 還有，既然要照顧活潑的小傢伙，不如就選名種的吧，優雅貴氣，尤其還跟保羅想要的不一樣……

對保羅的影響

◎ 他希望夜晚因為有寵物的陪伴能放鬆一點，那些被拋棄的動物某種程度上也是憂傷的伴侶。可是這一切卻毀了，他得到一隻尊爵不凡的名門貴貓，一點都不符合他想要的。

◎ 因為他把孩子的快樂放在心上，所以太太造成的既定事實讓他不知所措。

◎ 他做出與價值觀和情感所向相反的舉動：他被迫接回一隻為了被買賣而出生到這世上的小傢伙，可是他原本想帶回家的是被遺棄的小動物，完全是不同的做法。無法領養被拋棄的動物讓他覺得難過。

◎ 他怕要被逼著愛牠（這是不可能的，愛是無法被規定產生的。）

◎ 他得付出比原本預期高出許多的價錢。

◎ 他覺得被迫為此道謝，讓他怒氣橫生。

◎ 克莉絲汀對帶回這隻名貴的貓似乎很滿意，可是領養動物是他的夢想，這讓他產生克莉絲汀奪走了他某種東西的感覺。

◎ 他也可以想見如果以後他說了什麼，比如等孩子們睡著以後，她會反駁說他真難搞，他要一隻貓，她就給了他一隻，而且還是奢華美貓。或許連他都會認同是自己在難搞任性呢。

◎ 他覺得無法擁有夢想中的普通貓咪，夜裡又回到以往疲倦不堪的心情。

他能做什麼來保護自己？

* 意識到對方的控制。因為太太的同意，看似意料之外的合作，反而阻礙了他的思緒，讓他看不透。
* 不要表現出或是說出任何不舒服的感覺，不然她會更高興詭計得逞。
* 拒絕出遊，直到省下買那一隻貓的錢，解釋不出門的理由時不要表現出惡意或是要從別處把錢找回來的報復模樣。
* 自己去動物之家找第二隻貓。製造驚喜。如果需要理由，就說第一隻貓會孤單無聊。孩子們只會更加高興的。
* 花時間跟兩隻貓咪相處，能讓自己放鬆和滋養心靈。通常第二隻貓會學第一隻貓，所以這能讓他也喜歡牠。
* 捐錢給照顧受到遺棄的動物的基金會。
* 度假時，堅持要帶上兩隻貓，而不是請別人照顧牠們。
* 把這件事寫下來，釐清思緒，不要忘記。

幾點幫助保羅的思考：

* 是什麼使得你對於被遺棄的動物特別有感？是不是與你過去自身經驗有關？你是否曾經感覺被遺棄？若是如此，是在甚麼樣的情況下？被誰？
* 是什麼讓你太太有時間比他「超前部署」？你是否覺得要主張自己渴望的事或者將渴求付諸實踐很困難？若是如此，是從與太太交往才開始的，或者更早？若更早是何時？將自己渴望的事付諸實踐，你覺得會發生什麼？曾經這麼做過，卻遭遇阻礙或被禁止嗎？若是如此，是在何時？怎麼發生的？被誰

阻礙或禁止？為什麼？你是否害怕將渴望付諸實踐呢？

＊ 現在這個情境與上述問題的答案之間是否有什麼關聯？當下狀況是否與你留
　意到的某些因素相呼應？

操控手法：有毒的禮物（第153頁），剝奪喜悅（第85頁）

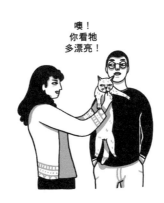

用小魚釣大魚

　　朱爾與亞莉安是最近認識的。他覺得她超迷人，有一點怪，但不會讓他不喜歡。他們常常一起出去，她也很喜歡。每次都是亞莉安付錢。朱爾一開始有些大驚小怪，但亞莉安說這件事對她很重要，她不喜歡依靠別人的感覺。她說，自己常有被男人收買的感覺。現在她有錢，而朱爾沒什麼錢，所以⋯⋯然後，朱爾就接受了。他們決定去度假一週，但朱爾要求這一次兩人共同分攤費用。全部都安排好了之後，亞莉安突然慌張地說她沒錢了。他因此被迫一下子要負擔所有的費用。

發生什麼事？

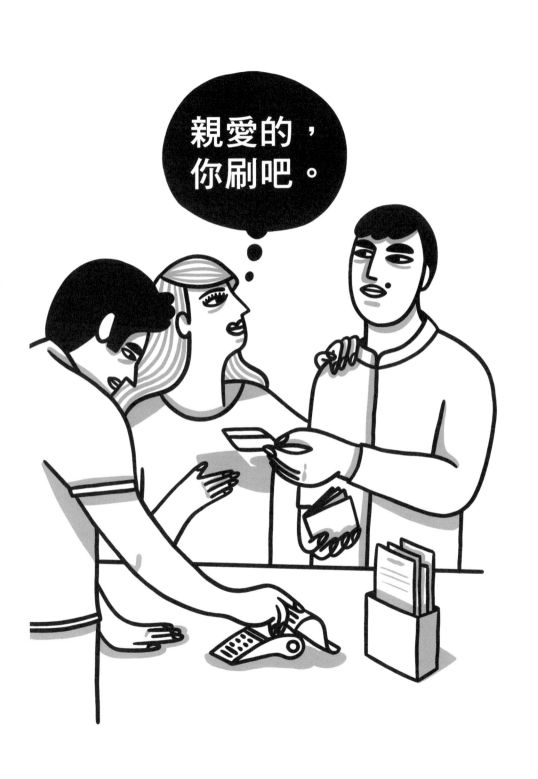

亞莉安的操控手法

→ 她表現出性格大度的樣子，介於大女人和新時代女性之間，而且想保持這樣的姿態（有云：「男人都會試圖用些小玩意兒收買你女人⋯⋯」）。她目前在誘惑人心的階段。

→ 一旦地雷布置妥當——預約好度假——她就啟動之前埋下的陷阱：將另一人置於不得不付帳的大失血狀態，而她則能夠全身而退，一毛都不必拔。

→ 她扮演慌張的可憐貧窮受害女子人設，用無能為力的外表遮掩陷阱。

→ 她讓對方被迫成為債務人，若他反對，就必須取消度假計畫。朱爾必須面對意料之外的花費（取消費用），而且對亞莉安沒有禮尚往來的不體貼，讓他得要面對她的沮喪與失望，承擔利用女人的渾帳罵名，也因此理所當然該承受她的怒氣與責怪。

→ 這個操作對她很有利：要麼不必花錢就能去度假，享受她對伴侶造成的困境；要不就高舉受害者的面具，有效地用怒火包裝自己，能夠端著「在我為他做了這麼多之後⋯⋯」的態度，自我感覺良好，比這「渾帳」高尚。

→ 她的禮物充其量不過是投資，報酬率還很高，不過幾頓餐費，遠低於度假的匯款訂金。

→ 她料想自己把他拴得夠緊，他不會反悔，某種程度上他已掉入陷阱，動彈不得。

對朱爾的影響

◎ 他不想拒絕她的好意惹她生氣，但他也無法在無損自身財務平衡的狀態下跟著她這樣花錢。

◎ 他愛她、關心她、想取悅她，他不是會拒絕意外花費的人，也不願當個混帳。他會想盡各種辦法付出這筆錢。（她知道他是這樣的人，而且也把這一切都考慮進去了。）

◎ 他會當個英勇的騎士（混帳的相反），解救這個局面。他想幫她。

◎ 突如其來的通知以及付款的急迫讓他措手不及，無暇細想。

◎ 他想不到這一切是個陷阱，是為了讓他付錢的一種操作。他以為亞莉安是個及時行樂、不多設想未來的人，這讓她有某種迷人之處。

操控手法放大鏡

互惠約束（LA RÉCIPROCITÉ CONTRAINTE）：她表面上慷慨，是屬於很難立刻被察覺的一種病態型自戀者類型。誰會一開始就對善意加以提防呢？先服務對方，送他禮物等等，讓對方欠她人情。這種操作的立意在於讓自己先處於主宰者或大聖人的地位，接著就能迫使被操控者付出比他先前收到的更多，而且最好用他最討厭且不便利的方式。

他能做什麼來保護自己？

* 意識到對方的控制。讓他無法清晰辨識的原因，是由於這份關係剛起步、陷阱啟動的突然、亞莉安掩藏在獨立自主又天真的及時行樂魅力面具之下難以察覺的操控。

* 拒絕支付，擺明地說自己不可能付，就這樣。提議做些不花錢的事來代替度假，像是一起留在他們現居的城市。他若付錢，就受制於人，亞莉安就能藉此確定自己能夠控制他了。

* 依然支付並且去度假，但是好好思量發生的事情，回來以後分手。這是最不建議的做法，因為與人一同度假，難以避免會與她更為親近……

* 把這件事寫下來，釐清思緒，不要忘記。

幾點幫助朱爾的思考：

* 你是否覺得必須當個英勇的騎士才能討女人歡心？或者更廣泛地來說，你認為必須幫助他人，無論自己得付出什麼代價？若是如此，這樣的想法是怎麼來的？在何時、何處、與誰，使你建立起這樣的觀念？

* 你是否對於保留屬於自己的美好事物、舒適感、甚至安全感，感到有些困難？你是不是認為一旦擁有美好的事物就必須分享？若你這麼認為，為什麼呢？在何種情況下、在何處、與誰，使你放棄兼顧自己的安適？

* 你是不是對他人的悲苦難處特別敏感，導致你經常被要求做出超過合理範圍的事情？若是如此，如果不那麼做，或是如果你兼顧自己的安適和極限，你害怕會發生什麼嗎？

＊ 現在這個情境與上述問題的答案之間是否有什麼關聯？當下狀況是否與你留意到的某些因素相呼應？

＊ 你需要些什麼才能在面對他人悲苦難處的同時兼顧自己？你必須做什麼、想什麼或治癒什麼，才能夠接受自己值得別人體貼與尊重的愛？

操控手法：互惠約束（第123頁），魅惑的面具（第147頁），扮演受害者（第73頁）

攻其不備

　　結束漫長辛苦工作的一天，筋疲力盡的克莉絲黛爾回到她與愛人亞歷山卓一起買下的家。離婚後，她漸漸受到亞歷山卓的吸引，他看似熱愛生命，笑容爽朗，目光神祕，衣著亮麗，開著敞篷車，經常外出用餐。克莉絲黛爾一個人帶著兩個孩子，需要輕盈的生活，也想要感受愛情的溫暖。可是後來，與他一起生活並不容易，那些輕盈美好的時刻經常毀於亞歷山卓的怒氣，他會為了芝麻蒜皮小事翻臉，彷彿閒話家常般地說出狠話。這天晚上，她讓自己泡個澡，消除疲勞，逐漸放鬆。亞歷山卓也進入浴室，坐在她旁邊看著她。她覺得很美好，預期兩人溫柔浪漫充滿相愛相知的互動。沉默了很長一段時間以後，亞歷山卓突然丟出一句話：「妳知道嗎，我覺得妳該減肥了。」

發生什麼事？

亞歷山卓的操控手法

→ 他不能忍受自己的伴侶過得好，一定要掃她的興。任何放鬆和歡笑的舉動都會引起他的敵意，只有他才應該放鬆和歡笑，但永遠處在緊張狀態的他做不到，因為他為了維持虛假的高級人物設定，耗費許多精力，一刻都不得放鬆。他應該也覺得克莉絲黛爾很美，所以需要透過找碴來貶低她作為「報復」（所有自己以外的美好事物，在一開始滿足他的自戀以後，都必須被摧毀）。

→ 他利用女友的脆弱狀態來攻擊她：疲憊的她，放鬆之際，裸體泡澡，無法閃躲。正常的行為應該是讓對方好好放鬆，不會在這個時候開口。若他真覺得她發福得過分，也應該找個合適的時機委婉表達。

→ 他盯著克莉絲黛爾看，強化她的脆弱。人家期待聽到甜蜜的話或是看到微笑，得到溫柔或渴慕的表示，他先激起了這份期待再批評她，讓她失落，而且把批評講得好像只是觀察結果和意見表達。

→ 他享受著自己的摧毀力量，這加強了他自以為無所不能的幻覺，因為只有自己決定何時讓克莉絲黛爾放鬆，她才能放鬆。

→ 他與伴侶的身體是「消費者」與「物化」的關係，這具胴體必須符合某些標準。他拒絕將對方視為自己所愛的女人，人必定是不完美的，也正因為這樣才令人感動。

對克莉絲黛爾的影響

◎ 在一整天疲憊的工作後，她需要放鬆，理所當然地回家休息，因為她仍幻想著能在家中找到安慰。意識到在自己家不安全並不是一件容易的事，而且會造成極大的失落，好像全世界都與自己敵對，再也無一處可庇護自己。

◎ 亞歷山卓在她洗澡的時候坐到她旁邊，她誤以為這是他充滿愛意的迷人陪伴。她因此更為放鬆，也使得稍後出其不意的攻擊更令她受傷。

◎ 不難猜測，她被打擊的正是亞歷山卓在意的點：外貌。如今電腦修圖美化的人工完美模特兒盛行，他眼中幾乎沒有任何女人能符合他的美感，也很容易就這點攻擊克莉絲黛爾。而由於這個男人是她的愛人，她無法不在意他覺得自己美不美！

◎ 通常，被情人所喜愛、所渴望，能夠讓我們與自己達成和解。在一般的戀愛，我們愛的，是對方這個人，而不是對方身體的「美學呈現」（prestation esthétique*），像是一個我們覺得不夠漂亮時就會改換的物品。

◎ 遭受攻擊引起了她的羞恥感，讓她想要躲起來平復臉頰發燙的感覺，但人在浴缸裡讓她躲不了，只能赤裸裸地承受，無法自我保護或防衛，完全暴露在攻擊之下。

◎ 若她抗議亞歷山卓做出的批評，他很可能反駁說這並非批評，只是意見陳述。他甚至可能狡辯說自己是為了她好才說的。

---

* 譯注：法文prestation一字有「提供服務或勞務」、「給付津貼或賠償」、「演出」等意思。

◎ 亞歷山卓已在她心中種下了不安的種子，無論她做什麼、去哪裡、他是否真的在她身邊，「該減肥了」都如影隨形地跟著她，換句話說，她太胖了，如此下去，她會一直感覺到恥辱或是自我防衛的傷痕。

她能做什麼來保護自己？

* 意識到對方的控制。疲憊與放鬆的需求，希望與伴侶關係良好，希望在家中有安全感，這種種原因使得她看不穿對方的手段。
* 一進浴室就鎖上門。
* 靜下心，別露出困擾的樣子，用輕快的語調說：「是喔？」甚至笑著假裝想用水潑他：「噢，你太誇張了！」
* 千萬別開始節食減肥，試著接受自己原本的樣子。
* 把這件事寫下來，釐清思緒，不要忘記。

幾點幫助克莉絲黛爾的思考：

* 妳有沒有注意到自己經常太快相信人，沒有好好觀察對方是否值得信任，導致後續受騙上當而後悔？若是如此，從何時開始、與誰、怎麼發生的？為什麼會養成這種習慣？

＊ 妳對自己的身型是否自在？若是不自在，那麼面對亞歷山卓時妳感覺如何？
　因為太過沉重的自我批判而感覺羞恥？妳因為以前聽過一些批評而產生這種
　受辱的感覺？若是如此，是哪些批評？誰的批評？

＊ 妳體重增加會不會跟妳與亞歷山卓的戀情有關？若是如此，妳留意過自己什
　麼時候會透過吃東西試圖減壓？除了吃，還能做什麼？

＊ 現在這個情境與上述問題的答案之間是否有什麼關聯？當下狀況是否與妳留
　意到的某些因素相呼應？

＊ 妳需要什麼才能自我保護，在確認對方值得信任後才相信他？過去的批評和
　羞於面對自身，導致自己被人控制。妳該怎麼做才能接受自己，並且對自己
　溫柔寬容？

操控手法：剝奪喜悅（第85頁），製造羞恥感（第55頁）

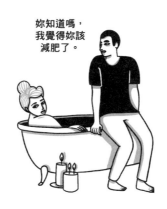

妳知道嗎，
我覺得妳該
減肥了。

帶著心中的大石頭去度假

　　嘉斯東上班，赫蓮娜在家顧小孩。最近，她覺得很累。是因為沒到外面工作？還是嘉斯東很晚回家，越來越晚，導致她覺得孤單？還是嘉斯東對她教育女兒的方式沒完沒了的批評？她不知道。唯一確定的是，無論她做什麼，都覺得自己很糟糕，因為嘉斯東通常只看那美中不足之處。她不知道如何取悅嘉斯東。她覺得很沮喪，什麼都不想要了。醫生說她憂鬱，開藥給她。嘉斯東提議讓她和十二歲的大女兒一起出國度假兩週，他出錢。赫蓮娜想帶兩個女兒一起去，但嘉斯東說小女兒才八歲，不適合出遊。他會把小女兒送到媽媽家，時不時去看她。赫蓮娜有些猶豫，因為她覺得婆婆對小孩有時候不是很有耐心。嘉斯東覺得她很難搞，不然就不要去。最後赫蓮娜去了。幾天後，嘉斯東打電話給她，說：她不在，小女兒很難過。

發生什麼事？

嘉斯東的操控手法

→ 他設了一個陷阱，送給太太一趟旅遊行程。到這裡，很慷慨，沒什麼可疑的，雖然我們也可以問他太太不在身邊時，他打算做什麼？

→ 打從一開始，他就讓赫蓮娜因為無法帶著兩個孩子一同出遊而失落和內疚，度假的喜悅被破壞。正常的作法應該是讓赫蓮娜能帶著兩個女兒一起出發。

→ 他以年紀作為理由很奇怪，因為八歲去旅行，一點問題都沒有，甚至還能去更遠的地方。

→ 他引起女兒的嫉妒心理，一個能去，另一個不能去。可以想見小女兒會因為某種原因難過，甚至因此對媽媽生氣。

→ 一旦太太出國，人在遠方，他就啟動陷阱，讓她因為小女兒難過而覺得內疚，破壞她的好心情。

→ 他不對自己造成的局面負責，他從未說過一次這是他的錯或是他想錯了（他沒想錯，事實上，事情的發生都在他的意料之中）。

對赫蓮娜的影響

◎ 她需要休息，也想抓住眼前的機會。

◎ 然而她帶著被撕裂的感覺出發，無法全然享受度假。必須把其中一個孩子留在家，這讓她覺得內疚又難過。每一次她感到開心時，她也同時感覺遺棄或是背叛了小女兒。

◎ 她得向留下來的孩子解釋她年紀小所以不能一起去，儘管她不這麼想，她被迫使用丈夫的說法，違背自己內心真實的感受。

◎ 她進退兩難：沒有錢能讓小女兒一起去旅行，但若不去，換成大女兒會覺得受騙和難過。得以想見這可能會引起一場持續數週的衝突，到時她不只是不去度假而已，更是猶如活在地獄。

◎ 一旦她抵達國外，即使她找到理由或想辦法將罪惡感先放下，她後來還是落入陷阱：嘉斯東告訴她被留下來的小女兒很難過。她感到內疚，整趟旅程都會染上這樣的情緒，破壞了出國休息的心情，她再也無法真的享受假期，在歡笑的同時都會遺憾無法與留在家的小女兒分享。

◎ 她也擔心婆婆照顧小孩的方式，也擔心嘉斯東去看小女兒時不知道會跟她說什麼。她怕自己被當成壞人，小女兒因此與她離心。

◎ 她也怕女兒之間會彼此嫉妒，以及後續可能引發的痛苦與衝突。

◎ 因為擔心造成嫉妒，所以她回家後無法盡情分享旅途見聞，不然小女兒必定覺得被排除在外，更加遺憾沒能一起去。

◎ 然後，赫蓮娜還有個疑問不斷撓著她的心：嘉斯東為什麼要付錢讓她去旅行？是不是他要跟情婦單獨相處兩個禮拜？這或許是他回家時間越來越晚的原因？

她能做什麼來保護自己？

* 意識到對方的控制。讓她無法清晰明辨的原因是自己需要一場遠離嘉斯東的休息，以及他表面上（而且不尋常）慷慨提供她到夢想的國度旅行，她知道若不抓住這次機會，以後再也沒機會去了。

* 編造自己染病不能出國，不管有沒有醫生協助圓謊。這樣先生就不容易責怪她了。就算先生責怪，她也能有張合理的擋箭牌。

* 提議將本次旅程換到比較近的地點，花費較少（比如去朋友家或親戚家度假兩週），就可以帶上兩個孩子了。

* 把這件事寫下來，釐清思緒，不要忘記。

幾點幫助赫蓮娜的思考：

* 妳從何時開始有自尊心低落的困擾？是自從與嘉斯東在一起以後，或者更早之前？若是更早，是何時開始？為什麼？

* 妳能否從嘉斯東所做的事和所說的話中辨識，列出一份來自於他的否定和批評，無論模糊隱晦與否？看著這份清單，妳有什麼感覺、怎麼想？

* 妳是否失去了維護自己內在與行為的一致性（她的渴望、她的價值、她的行為）和好好照顧自己的能力？若是如此，是從婚後開始，還是更早之前？在何處、與誰、在何種情況下，這些問題開始困擾妳？

* 妳是不是很容易內疚，沒有先搞清楚妳自責的問題是不是妳該負的責任？若是如此，妳這種傾向始自何時？與誰、關於什麼事情？

* 妳是不是太習慣擔心別人，以至於無暇考慮自己舒服不舒服？若是妳也考慮

自己，妳會擔心什麼嗎？什麼樣的情況會讓妳相信自己的恐懼並非毫無來由？

＊ 現在這個情境與上述問題的答案之間是否有什麼關聯？當下狀況是否與妳留意到的某些因素相呼應？

＊ 妳需要什麼才能夠肯定自己的價值，才能看見自己的各個面向在在顯示妳是個美好之人？妳能做些什麼讓內心的聲音與外在行為一致，並以之指引自己的方向？妳需要什麼才能不放棄自己內心的聲音？妳能夠給予自己哪些東西、哪些內心的應允和安心保證，才能夠也將自己的安適給考慮進去？

操控手法：雙重束縛（第79頁），製造不合（第173頁），有毒的禮物（第153頁），剝奪喜悅（第85頁）

隨地發情

　　瑪琳與班傑明住在偏遠鄉下的獨棟房子，這是班傑明想要的生活。為此，他得經常為了工作出門，真是太好了！這能讓瑪琳喘口氣，因為他在家的時候，總是隨時隨地做著各種性暗示，永遠想做愛，而瑪琳不想，甚至到了要使計不跟丈夫同時上床睡覺。有時候，丈夫會把她壓在廚房或是其他地方……有時候她會順丈夫的意，為了得到平靜，因為她希望丈夫可以冷靜下來。丈夫總是在發牢騷，用各種事讓她感到內疚，在孩子面前說她多麼遜、多無能。所以每當他要出門幾天去工作，真是太好了，至少在他不斷問她在哪裡？在做什麼？跟誰見面？在被質問以外的時候是放鬆的。後來，丈夫對她不忠，瑪琳知道，也直接跟丈夫攤開來說，她又氣又哭，丈夫卻說外遇早就結束了，是她為了芝麻小事在鬧。但之後丈夫再次出軌。瑪琳有所懷疑，她感覺得到！可是今天先生在家，還因為覺得家裡不乾淨而發怒。突然，丈夫決定客廳要裝新窗簾，現在就要！在窗簾店裡，丈夫很迷人，好像剛才什麼都沒發生，好像他是全世界男人中最溫柔多情的那一個，直到他突然湊到她耳邊輕聲說：「如果我把妳帶到客廳，就很適合躲在新窗簾後面……」

發生什麼事？

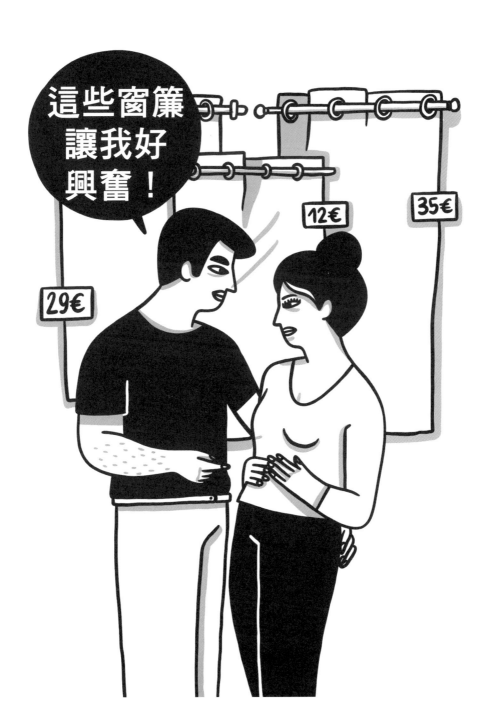

班傑明的操控手法

→ 他把自己的樂趣，特別是性快感，看得比任何事情都重要。他像個性慾操控者一樣追著瑪琳，騷擾著她，卻又外遇。他並不怎麼在意瑪琳知不知道自己外遇、會不會因此痛苦。

→ 他把妻子孤立在遠離一切的房子，他監視著她，他掌握著她。

→ 他想對太太發脾氣就發脾氣，不尊重也不體貼。班傑明宣洩了自己的心情，而瑪琳只能忍受，不能抱怨。

→ 他把瑪琳當成工具人：她必須提供性服務、打掃家裡、照顧小孩。他抹除她的人格、羞辱她，而且最喜歡在孩子面前這麼做。

→ 他端出高人一等的優越姿態要求他人，畢竟他如此「偉大」。

→ 當他冷靜下來，想要別的東西時，他就會假裝什麼都沒發生過。他恣意而為，這一局結束。至於他的被操控者會不會生氣或是反抗，對他來說並不重要。

→ 他試圖迷惑瑪琳，從怒氣沖沖變得迷人，讓她混亂，從而剝削她、奴役她，並且防止她反抗。

→ 他享受能夠在關係中主宰一切，享受以全能者的姿態決定陰晴圓缺，彷彿只有他一人能決定關係的溫度。

操控手法放大鏡

強迫性愛（LE VIOL PAR EMPRISE）：一再求歡，頻繁到騷擾的程度，性愛關係或是性愛習慣違背另一半的意願。再加上許多常見的操控手法，特別是扮演受害者、製造罪惡感、情緒勒索、權力濫用。這些操作為的是獲得性愛，將被操控者工具化、去人格化，抬高自我身價，自覺無所不能。

對瑪琳的影響

◎ 班傑明的侵犯讓她情緒起伏：反抗、恐懼、內疚、羞恥。她驚愕不已、精疲力盡，覺得有點噁心想吐（這是受虐的情緒表現）。在壓力之下，這便削弱了她的思考能力。

◎ 她問自己：班傑明的責怪是否合理？她躬身自省，感到內疚，覺得作為家庭主婦的自己能力不足（在搬到這個遠離塵囂的家之前，班傑明就不讓她工作，妥妥地賦予她家庭主婦這職責……）。

◎ 她也為無法給予班傑明想要的高頻率性愛感到內疚，她懷疑自己是否變得性冷感，或是她有這方面的問題。

◎ 她在物質方面完全地依賴班傑明，所以任何操控者表現出來的不滿意都會讓她感受到被遺棄而陷入貧困的危機。

◎ 突然的溫柔讓她鬆了一口氣，卻加深了她的困惑：她再也不知道他哪一個人格才是真實可信的。若他迷人又溫柔多情，這是不是表示他的指責都是對的？這麼想能讓瑪琳更感安慰，或許自己內心深處已經心理失調了，若真是她的問題，那她可以改變，生活就會變得更美好了。

◎ 這份困惑導致了一些有害的後果：彷彿那些侮辱人的指責場面像是一連串的惡夢，在她的記憶中變得朦朧。

◎ 瑪琳淪為唯命是從的人偶角色，不再能分辨自己要的和不要的，任由班傑明在店裡選擇他想要的窗簾。若是事後發現他的選擇不好，那麼幾乎可以肯定他會為此責怪瑪琳，因為她當時也在場，是她同意的（其實應該說她看似同意，因為她無法同意或不同意）。在他的淫威之下，無慾無求的她最後可能屈從他的性愛索求。

她能做什麼來保護自己？

* 意識到對方的控制。多種人格的並列（充滿指責的獨裁暴君、性騷擾者、溫柔多情的另一半）、長期緊張的關係，以及緩和情緒的需求，是這些讓她難以清晰思考。

* 遇到指責的場面時，說：「了解」，然後想個脫身之計出門。

* 隨便找個什麼藉口（偏頭痛、腳痛……）拒絕出門買窗簾，讓班傑明自己去，或者以後再買。她想必還是會遭受指責，在這種情況下，一樣，就出門去。

* 把這件事寫下來，釐清思緒，不要忘記。

幾點幫助瑪琳的思考：

* 妳是不是容易感到有罪惡感？面對一點點的批評時，妳是不是太容易檢討自己？若是如此，妳從以前就一直是這樣嗎？為什麼？

* 若是接受自己原本的樣子、更堅持自己的想法，妳會怕什麼？這種恐懼怎麼來的？在什麼樣的情況下，這些恐懼會浮出來？

* 妳是不是傾向於順從他人、接受他人的渴望，而沒有花時間去想這些也是自己想要的嗎？從與班傑明在一起時開始這樣的？還是更早？若是更早，是從何時開始？妳是從何時、如何學到必須放棄自我？

* 現在這個情境與上述問題的答案之間是否有什麼關聯？當下狀況是否與妳留意到的某些因素相呼應？

＊妳需要哪些資源才能重建自主性？除了得先財務自主才能夠稍微「呼吸」，
　並且最終得以離開班傑明？

操控手法：強迫性愛（第140頁），魅惑的面具（第147頁）

巧言令色

　　鮑希斯跟倪娜在一起有一年了，上個月實在嚇到他。倪娜，他可愛的倪娜，竟然化身潑婦，一再發飆，每件事、小事、愚蠢或是不公平的事都可以吵。她先是責備，接著開始生氣，越講越大聲，後來會用吼的，各種咒罵、粗話都來，每次都會歸咎於他（象徵性或真實的）男子氣概不足。有時候，她摔門而去，又再回來，表現地跟蛇一樣冷冰冰……隔天，卻像什麼都沒發生一樣。有時候，她會用一副沒什麼的樣子吐出一些尖酸刻薄的話，讓他不知所措。鮑希斯認真考慮要結束這段關係。之前在愛情的衝動之下，他如倪娜所願地訂了一個熱帶之旅行程，住豪華旅館。現在，放假了，他也後悔了。行李在緊繃的氣氛之下打包完畢。在開往機場的路上，一陣漫長的沉默以後，車內的倪娜握著他的手，放到嘴唇上，說：「我很高興跟你一起出遊，我的愛人。」

發生什麼事？

倪娜的操控手法

→ 她喜歡折磨伴侶，這讓她產生強大以及有力量的感覺。這次，她做得有點過分，鬧了一個月。就像毒品，永遠需要再吸。

→ 她把伴侶逼到臨界點，這帶給她更多的快感，就像搭乘雲霄飛車，往前推進衝刺，在最後一刻收住！再來一次，多麼強的力量啊！

→ 假期開始時，是在她經常性的粗暴責罵另一半一個月以後，此時她決定戴上迷人的面具，避免被操控者跑掉，因為她感覺到這一次他真的打算分手了。再說，她也蠻希望能夠享受一段美好時光……為了她自己。

→ 她認為她能夠改變氣氛，就像換一塊地毯，只是一個命令一個動作。

對她來說，另一半和兩人的關係只是帶給她舒適享受的元素。她毫無同理心，將對方當成工具人。她運用溫情言語，就像是為了獲得亮光而按下電燈開關，毫無任何感情。

→ 她反覆無常，預期自己的操控能讓先前遭受粗暴對待的鮑希斯，在震驚之餘能依照自己希望的去做：帶她度假期間當個柔情愛人。

→ 若是這波操作奏效，她回來時會帶著跟她一樣肌膚曬成古銅色的愛人，她將繼續享受自己奴役人的能力，並讓鮑希斯演出自己想要的劇本。她知道自己未來也可以從容不迫地拉動操控桿，如同操控木偶一樣地操控鮑希斯。這個念頭會讓她更加輕視鮑希斯。

對鮑希斯的影響

◎ 一個月的吵鬧及潑婦行為讓他發現或許繼續與倪娜交往並不明智。

◎ 溫情愛語讓他產生疑惑，尤其是在一個月的緊繃氣氛後顯得力道更強，因為出於驚喜（或者出於鬆了一口氣）。鮑希斯可能對倪娜還有愛，或至少對這段感情還放不下，畢竟交往了一段時間，這很正常。

◎ 他應該會贊同和平相處，而如果這趟旅行一切順利，就忘了倪娜上個月的壞脾氣，將它歸因於暫時累了、工作上有煩惱，或是壓力陡增引起的……

◎ 在一段燦爛歡樂的潛伏期後，那些狀況很可能會重現，而鮑希斯讓自己心軟、再次淪陷，將來就會更震驚。

操控手法放大鏡

魅惑的面具（LE MASQUE DE CHARMANT）：在病態型自戀中常見的操作，就是展現兩種面貌。一張是輕賤人、超自戀、破壞王的臉，呲牙裂嘴、充滿敵意；一張是魅惑人的臉，你喜歡什麼樣的版本就變出來給你：熱心的合作夥伴、崇拜者、知識分子、貼心的情人、溫柔的愛人、理想的女婿、忠誠的朋友等等。被操控者受到惡意操控而耗盡力氣，開始想要離開這段關係時，雙重面孔可以用來讓被操控者再次上鉤，因為這種操作能同時製造迷惑與緩解。另外也可以展現迷人版本給外人看，私底下卻給被操控者敵視版本，為的是孤立他，而且如果他抱怨的話，沒人會相信。這種操作在法庭訴訟很普遍，在法官看來，被操控者就像是個有心理困擾的人。

他能做什麼來保護自己？

* 意識到對方的控制。在這個場景中，讓他難以神思清明的破解局面的原因，是操控者態度一百八十度的轉變造成的驚訝效果和鬆了一口氣的緩解。
* 如果做得到，就下定決心不要與倪娜一起去度假。
* 對倪娜粉飾過的言詞，表現禮貌而冷淡。
* 若依舊去度假，那麼假期間請保持距離並維持禮貌。維持禮貌目的在於不要引發新的衝突，而保持距離可以讓操控手法失效。小心別再次淪陷了，魅惑的面具是很厲害的！
* 把這件事寫下來，釐清思緒，不要忘記。

幾點幫助鮑希斯的思考：

* 你在過去經驗中是不是懷著自己必須忍受對方壞脾氣的想法？何時、何處、與誰，讓你產生這種想法？
* 你是不是認為通常別人，尤其是女人，有時都會暴躁易怒又難相處，而你必須忍受？何時、何處、與誰，讓你產生這種想法？
* 在這份關係之外，你是不是早已習慣承受危機、衝突以及別人的壞脾氣，邊希望風暴會過去？若是如此，何時、何處、與誰，讓你產生這種習慣？
* 你是不是總用良善的心態面對惡意的處境，而且總是太快原諒（假意「遺忘」）？若是如此，何時、何處、與誰，讓你學到這種應對？
* 現在這個情境與上述問題的答案之間是否有什麼關聯？當下狀況是否與你留意到的某些因素相呼應？

＊ 你需要哪些資源來設立界限，不再忍受難以忍受之人、停止寬恕不可原諒之人？

操控手法：魅惑的面具（第147頁）

在鳥不生蛋的地方，請務必孵出小雞

　　瑪佳麗總是在唱歌，一直以來都是如此。音樂就是她的生命。她修了父母希望她學的秘書課程，之後她開始工作，成為助理，同時報考註冊讀音樂學院。她學得很快，工作勤奮不懈，自己付錢上聲樂課──事實證明她頗有天分──於是她盡可能到處演唱。她也開始教學，發現自己還喜歡的。遇到巴斯提安那時，她兼職當助理，同時收了些聲樂學生。很快地，兩人開始同居。因為巴斯提安薪水不錯，她可以只教聲樂就好，在巴斯提安的推波助瀾之下，她辭去了助理的工作。他還常說：「做可悲的工作，領可悲的薪水，妳別再工作得像個奴隸了。」問題是，巴斯提安每三年就想搬家，而瑪佳麗無法說什麼，因為生活開銷都是他負責的。每次搬家，她就會少掉一些學生，那都是她一點一點慢慢培養起來的客戶。這次也是，瑪佳麗才找到幾個學生，巴斯提安又宣布說要搬家了。他說自己好不容易找到一棟超棒的房子，他希望可以與瑪佳麗共同持有地買下它，這樣房子就能也屬於她了。房子到處都很貴，所以他尋覓良久，才在偏遠僻靜的鄉下發現這棟房子。自從搬家以後，瑪佳麗再也找不到跟她學聲樂的人了，而巴斯提安卻開始怪她都不工作。

發生什麼事？

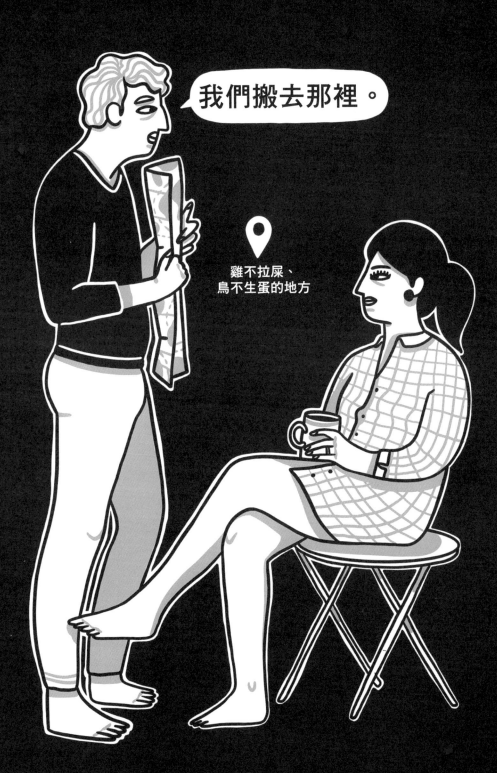

巴斯提安的操控手法

→ 他為自己造成的情況所引發的後果責怪另一半。

→ 這個批評可以貶低瑪佳麗抬高他自己，因為他完全自力更生（居住地區不會對他的工作造成影響）。

→ 他一直搬家，打亂伴侶的接案工作；每次瑪佳麗她成功認識人，擁有新客戶，他會感到嫉妒。毫無疑問，若他們一直住在同一個地方，瑪佳麗的事業將逐漸蓬勃發展，而他無法接受這件事，因為這樣他就再也不能說她「可悲」了……

→ 所以他才不斷搬家，為的是阻礙她發展能讓她變得出名而且是她所喜愛的事業；對她的指責不過是為了掩飾操控的手法，把自己的行為究責到她身上。

→ 他決定（兩人合購）定居於偏僻之處，生活得以穩定，但卻給聲樂課帶來一記致命打擊，因為對學生來說，實在太遠了。

→ 若瑪佳麗如他所願，要很快找到一份工作，就只剩下助理職這個選項（還得找得到才行，而她已有十五年沒做這件事了）並且重新當個「奴隸」。這貶低了她的價值，卻適合她的伴侶：他可以恣意地輕視她、批評她，而在她身為聲樂教師的時候這麼做並不容易。

→ 若她所選和所愛的工作能讓她自給自足，她就能離開巴斯提安。反之，若她在物質上無法獨立，那麼他想怎樣就怎樣。

→ 買房讓她更加動彈不得：因為她沒有收入，貸款全由巴斯提安支付，若她想要離開他，那麼她必須支付一半的費用（買房登記為共同持有，但兩人並未結婚，因此她不受法律保障），顯然她做不到。

對瑪佳麗的影響

◎ 他買了一棟房子兩人共同持有，但全部的錢都他出，讓她覺得有所虧欠。

◎ 她接受指責，畢竟她現在沒工作是事實，不容易意識到這個結果其實是因為他私自決定的行動帶來的影響。

◎ 她覺得自己陷入困境：她離不開巴斯提安，因為沒有能力負擔自己的生活開銷，付不出一半的房貸，也付不起在市中心租屋教課的費用。

◎ 她感覺有點怪怪的，但心亂的她無法發現哪裡怪。

◎ 她覺得自己毫無價值、無能、沒用，這正是巴斯提安操控目的。

操控手法放大鏡

有毒的禮物（LE CADEAU EMPOISONNÉ）：送給被操控者一個看似禮物，實際上卻是厄運的東西，因為它帶來壓迫、限制、阻礙和毒害。像是白雪公主收到的毒蘋果（好比送巧克力給糖尿病患者）、人們不敢拋棄的寵物、很吵的幼兒玩具。在這個場景中，就是共同持有一棟房屋。這波操作是在表彰自己的慷慨，迫使被操控者感激，甚至做出相同回報，將她困在一個掙脫不了的麻煩裡。

她能做什麼來保護自己？

* 意識到對方的控制。因為他的批評是事實（她的確沒在工作），瑪佳麗對房子覺得有虧欠感，又長期受到巴斯提安操控，所以無法清明地思考，也很難看清他的操控。

* 用沉默面對當下的批評。其他的回應都可能被當作防衛或是辯護，引發進一步批評和貶低她的對話。

* 回想完整的事件經歷，讓自己安心，她確實有能力工作，也找得到客戶。

* 花點時間，試著慢慢在附近的城市開聲樂課。這次他們有一段時間不會再搬家了，她能夠發揮長才。

* 把這件事寫下來，釐清思緒，不要忘記。

幾點幫助瑪佳麗的思考：

* 妳是否習慣將自己的利益排在別人的利益之後？如果是的話，何時、何處、與誰、為什麼，讓妳認為這麼做比較好？如果妳看重自己的願望和計畫，妳怕會怎麼樣嗎？

* 妳是否認為自己做的事（比如對音樂與歌唱的興趣）不太重要？如果妳這麼想，是從何時、在何處、與誰，讓妳得出這個結論？

* 妳是不是「認命接受」在情侶之間的相處模式之中，女性必須服務男性？若是如此，是妳原生家庭模式導致的嗎？

* 現在這個情境與上述問題的答案之間是否有什麼關聯？當下狀況是否與妳留意到的某些因素相呼應？

＊妳需要哪些資源來顧及自己，並看重於自身有益之事和興趣？妳需要依靠什麼才能相信音樂與歌唱並非不重要的事？

操控手法：雙重束縛（第79頁）、搞破壞（第269頁）、有毒的禮物（第153頁）

最後一次出軌

　　大衛是個愛放電的人，他不能接受自己不是眾人注目的中心。一旦他看到女人，尤其是對方看起來有點距離、對於他的魅力無感、難以接近——這對他來說是種侮辱——他就會趾高氣揚地走到她面前，讓她看見自己。他一定要誘惑她、讓她笑出來、征服她。他就是這樣拐到茱麗葉，他的另一半。兩人在一起之後，茱麗葉發現大衛依然故我，不禁使她產生質疑、惱怒、憂心，但她相信大衛是為了好玩才如此譁眾取寵。不管願不願意，她最後都會習慣。她想：愛，就是接受對方身上自己不那麼愛的地方。有天，她攔截到大衛與他想誘惑征服的女人往來的訊息，一清二楚，他出軌了。大衛因為茱麗葉看了他的手機而生氣，然後才給出令人心痛的解釋。接著，意識到這麼說無法平息伴侶的怒氣，他辯稱錯不在己，以託辭巧妙迴避。儘管茱麗葉心痛受傷，還是決定把這件事當成意外，放下不再追究。她的忍耐很快就受到考驗：她發現大衛繼續跟傳訊息的女人見面，然後又跟別的女人見面，還有另外別的女人……每段出軌結束後，大衛都會哭著誠懇地發誓這是最後一次。茱麗葉備受感動，她想相信他。不管怎麼說，她都被困住了，他們有五個小孩，而她沒有工作，兩人沒有登記結婚。如果她離開大衛，那她什麼都沒有。所以她很不安，即便她已經盡量避免去看，以免得知什麼，但有時候她還是會看到……最近，大衛的行事曆上一個對不上的行程讓她生疑，她要他解釋。他卻只駁斥道：「哼！妳就是這樣，喜歡指控我出軌。」

發生什麼事？

大衛的操控手法

→ 他是個病態的誘惑者,需要不斷得到肯定的病態自戀促使他不斷向更多女性求歡。

→ 第一次被茱麗葉發現出軌時,他試圖反轉指控:不是他犯了錯,茱麗葉偷看自己手機才有錯。

→ 因為這招無效,他就裝作受害者;裝受害者有效,所以他一再濫用。

→ 他知道她被綁住了,也知道她知道自己被綁住,就算她想拋棄孩子——他確定她絕不會這麼做——她也走不開,因為她什麼資源都沒有。所以他可以繼續亂來,唯一的麻煩就只有偶爾得忍受與伴侶發生衝突。

→ 最後一記操作也是個大反轉,這次為了試圖讓茱麗葉閉嘴,他怪她享受指控自己的感覺,事實上是他自己享受著誘惑人和出軌的感覺。

操控手法放大鏡

反轉(LE RETOURNEMENT):這個手法以投射做為部分的基礎,這是病態疾患所操作的一種防禦機制。投射,就是將自己不想承認的自身感覺、思想、行為,轉嫁給對方。如同所有的防禦機制,都是有意識的。自戀者將所有自身的「負面」,尤其是可能損害他想要的光輝形象的元素,都投射出去(見「心靈垃圾桶」,第60頁)。再加上刻意操控罪惡感,面對他人對自己的指控,自戀型人格疾患者會表明是被操控者犯了錯,若他面對無法辯駁的事實,就會「證明」是被操控者害他犯錯(見「扮演受害者」,第73頁)。這項操作的作用在於面對指責或是合理的批評時,運用攻擊來自我防衛,將自己否認的罪責轉嫁到對方身上,犧牲被操控者來成全自己的美名,怪罪他人使其困惑以便掌控對方。

對茉麗葉的影響

- 她沒有立刻察覺大衛的所作所為，她想要相信那個虛假的忠誠大衛形象。

- 她發現大衛第一次欺騙她的時候，她接受這是個意外，為了不讓一時的脫軌毀了全部，是維持伴侶生活的合理選項*。但她不知道自己交往的對象，是個病態的誘惑者。

- 當她發現大衛的出軌行為層出不窮，她開始跟他談，可是每次都因為他的眼淚而心軟，他很會扮演受害者。

- 一段時間後，她隱約明白這一套會演個不停，於是她寧願什麼都不看，至少能少些傷心難過。畢竟她走不了，逃不出這個困局。假裝一切都很好，或者至少如此希望（即使一部分的她警惕防備，無論她願不願意），這樣活著比較容易。

- 當懷疑太強烈時，她就敞開跟大衛談……然後被反控自己喜歡監視他、控訴他。當然不是這樣！驚愕之餘，她不知道該回什麼，這套操控成功地讓她閉嘴。若是操控手法運作完美，她接下來就無法向大衛提出自己懷疑的問題，好像一把語言閂閂，將她困鎖在靜默之中。

---

* 關於這個主題，詳見 *La Jalousie amoureuse, un effroyable fracas qui vous fait grandir*, d'Anne Clotilde Ziégler, Paris, Solar, 2018.

她能做什麼來保護自己？

* 意識到對方的控制。大衛的操控手法引得她心緒混亂，發現大衛出軌時的情緒和緊張，以及發現自己受困在彷如地獄的關係之中，這些使她難以清晰地思考現狀。

* 不必把大衛的話放心上，繼續問他有關行事曆的問題。

* 照顧好自己的生活：先找個工作，若有必要的話可以去上課，才能找回自主權。同時，找會聽她說話的人：朋友或專業人士，幫助她整理想法，生活中也有能夠關心照顧她的人。

* 把這件事寫下來，釐清思緒，不要忘記。

幾點幫助茱麗葉的思考：

* 妳是否注意到自己如何放任自己依賴大衛和他的收入？妳記得事情經過嗎？寫下來，釐清思緒。

* 還有其他時候——除了孩提時（小時候依賴別人是很正常的）——妳曾放任自己陷入依賴嗎？若有，是在何時、如何依賴、對象是誰？

* 妳何時第一次看見大衛呵護其他女人？妳是不是早有所覺，但卻未聽從自己的直覺？若是如此，什麼原因讓妳不相信自己的直覺？

* 妳允許自己獨立自主、活出自己滿意的生活、（盡其所能的）幸福快樂嗎？若非如此，原因出在哪？

* 妳是否認為自己是不可能獲得幸福的？若是，妳從何時開始這麼想的？在何種情況下、與誰、為什麼，讓妳認為幸福並不屬於自己？

＊ 妳覺得自己不值得真愛嗎？若是如此，為什麼？何時、與誰、發生了什麼，
　讓妳產生這種想法？

＊ 妳是否注意到自己的反應與當下情境有何關聯？後者會引發妳某些反應嗎？

＊ 妳怎麼做才能聽從自己的直覺，獲得自主權，活出自己滿意的生活？

操控手法：反轉（第158頁）、扮演受害者（第73頁）

苦中作詩

　　那是個星期日下午。沒發生什麼事。兩個人都在家。上週，他對她大罵粗話，上上週也是，上上上週也是，一起生活三十年以來都是如此。他會無預警的發怒，為了一些芝麻蒜皮的事，但不一定是同樣的事情，而且總在最意想不到的時候發作。怒火隨時都可能點燃，這讓她精疲力竭。沒發生什麼事，今天是星期日。不過，他隨時可能突然爆發、竄升怒火、大聲辱罵。於是，她寫了一首詩：寂靜的週日，你清了清喉嚨，我很怕。

發生什麼事？

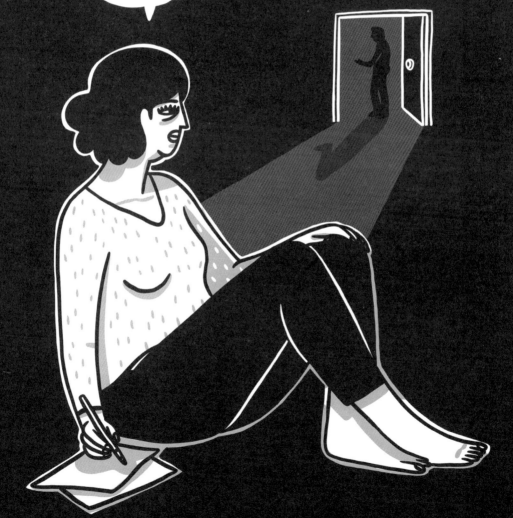

丈夫的操控手法

→ 他暴躁易怒又難以預測。他的憤怒
並非為了表達矛盾不合，那樣的話
對方可以理解。他只是想要恣意隨
時地享受他的破壞力。

→ 他是關係中的掌控者：何時、為何
觸發火爆場面，都由他決定，對方
毫無任何線索與方法去預測。

→ 就這樣，讓被操控者持續處在壓力
之下，讓她覺得混亂，失去人性尊
嚴。他將她「捏在手心」，讓她動
彈不得。

→ 他視她為心靈垃圾桶（見第66
頁），把自己的黑暗卑劣通通倒進
去。

→ 他成功建立一種希區考克式的恐怖
氛圍，不需要做什麼或說什麼，只
要製造一點聲響表示他來了，就夠
嚇人了。

→ 他實在難以預測，以至於寂靜中彷
彿亦暗藏威脅。

→ 他的破壞力達到巔峰。

對太太的影響

◎ 她反射性地感到害怕。她知道，或者說她預期，隨著先生心血來潮或一時情緒，自己隨時可能遭受折磨。

◎ 她感到深沉的孤獨，真的不明白為什麼自己會害怕，明明什麼事都沒發生。她可能覺得自己有點瘋狂。

◎ 只要能終止這份令人焦慮恐慌的懸念，她什麼都願意。

◎ 她處於創傷後壓力症候群的狀態。

◎ 她無法移動，就像老鼠被困在家具後方，動不了，因為貓咪在另一端等著，她只能等著他下一步動作再做反應。

◎ 透過創作，她啟動了挫折復原力，以藝術表現紛擾喧囂。這表示她意識到了自己的狀態。

操控手法放大鏡

恐怖的氛圍（LE CLIMAT DE TERREUR）：運用威脅人的驚懼之感，造成隱約的侵略騷擾、給出模糊而矛盾的要求、建立緊張甚至恐怖的氛圍，讓被操控者預計隨時可能遭受難以預料的攻擊。這讓操控者什麼都不必做就能掌權，並且讓被操控者時時處在壓力之下，臣服乖順。

她能做什麼來保護自己？

* 意識到對方的控制。她的詩句顯明操控正在發生。創傷後壓力症候群的極度緊張堵住了她的思緒，導致她不易看穿。再者，「客觀來看」，什麼都沒發生。如果別人什麼話都沒說，我們怎麼能夠理解呢？

* 找個藉口出門，散散步，看看外面的世界，找回真實、喧鬧而愉快的生活，以便回歸「現實」之時能夠擺脫恐怖的禁錮。

* 走一走。走路能夠活絡思緒並且減壓。

* 花些時間與朋友相處（如果她還有朋友的話，因為被操控者落到了這步田地時，往往非常孤立，沒什麼朋友了）。

* 諮詢專業人士：心理師、精神科醫師、身心治療師（somato-psychopédagogue），或者三種一起，以走出壓力創傷。

* 把這件事寫下來，釐清思緒，不要忘記。

幾點幫助她的思考：

* 妳是否留意到恐怖氛圍何時逐漸浮現的？哪些事件、哪些情形讓妳印象深刻、使妳嚇得縮起來、動彈不得？

* 在這段關係以前，妳是否曾有過類似的恐怖經驗？

* 若曾有過，是在何時、何處、與誰發生的？是哪些事件呢？

* 現在這個情境與上述問題的答案之間是否有什麼關聯？當下狀況是否與妳留意到的某些因素相呼應？

* 妳需要哪些內部和外部的資源才能獲得令人寬慰及穩定的安全感？

操控手法：恐怖的氛圍（第165頁）、心靈垃圾桶（第60頁）

又來了！

家人之間的操控

操控者戴著面具，有兩張臉：一張是操控人時戴著的猙獰的臉（上一章剛提到這點），一張是誘惑被操控者和與周遭人等社交時那張可愛迷人的臉。

的確，對掠食者來說，持續當個令所有人喜愛的人物很重要：這不只滋養了他的自戀病理（narcissisme pathologique），還能孤立被操控者，周遭之人不會明白為什麼她要抱怨這麼好的一個人。若她偶爾抖出對掠食者的隱情或是非難，反而會被當成精神錯亂。別人會給她一些建議：要原諒、寬容、柔軟、理解、改變自己、解決自己的精神問題，別人會要她收斂壞脾氣、放下不切實際的要求、敏感多疑、被害妄想等等……導致最後她也懷疑是否這一切都是自己想錯了，然後繼續檢討自己，鋪設通往毀滅的溫床。

被操控者也會因為料想沒人能夠理解自己，而決定對背地裡的一切操控行為閉嘴不談。如此一來，她就一個人煩惱，與「受害者」一樣，對於自身處境覺得丟臉，因此默不作聲。操控者在外表現得可愛迷人，尤其是面對被操控者那邊的家人時，並不妨礙他持續暗中動手腳。以下是幾則相關的小故事。

去你爸的

　　加百列和雅莉結婚十五年了，有三個孩子，都還小。他們去雅莉的爸爸路易的家，他住得離他們有點遠，是個鄉下地方。路易在家中很有威嚴；他人很好，但很容易發怒。加百列總是假裝認同岳父大人的觀念。為了討岳丈歡心，他表現迷人，身段低到不能再低；而實際上，心裡卻很怕他。偶爾，他會刻意脫口說出有點挑釁的唐突之言，但一定會在路易暴走前打住，魅力和頂撞輪番上陣，意圖使岳丈神經斷線。出於愛女之心，路易通常選擇忽略加百列的小動作，維持和諧。老丈人非常看重時間，認為守時是最基本不可侵犯的禮節，他很不喜歡等人。這一天，加百列和雅莉要去散步，把孩子都留給路易照顧，說好回程的時間，路易認為這是兩人的承諾。剛開始散步，加百列各種拖拖拉拉，還故意走一條他們都沒走過的路，明知這條路太長，會來不及準時回去。雅莉料想會遲到，很擔心爸爸的反應，他一定會對自己生氣的。加百列對於她開口訴說的擔憂，竟回答：「去妳爸的！」

發生什麼事？

加百列的操控手法

→他為了當個理想的女婿，無微不至地關懷迎合岳父。

→暗地裡使些不明顯的小手段（本場景中的做法是讓他等待）來惹惱岳父。他對這號父權霸主人物既難以忍受也有些懼怕，因為路易讓他覺得自己很弱，對此他不能接受。法律或是父親對加百列來說都不算什麼，只有他自己可以是無所不能的。

→他懦弱：面對暴君般的岳父而心生憤怒，卻不願面對自己的怒氣，僅僅耍手段，不正面對抗。

→一般人會調整散步的時間，準時回去，要不然就是坦率地反抗岳丈，用自己的名義。

→他的作法是挑起妻子與岳父之間的衝突，孤立妻子，讓自己更容易操控她。

→原本一段美好的散步時光，卻被他半路破壞了，因為他對路易的咒罵讓雅莉很擔心。

→路易等待而產生的怒氣可能會讓被他看顧的孩子覺得不安，但加百列對此毫不在意。

→雅莉回來時必定很緊張。加百列可以當個平靜而和善的女婿，雅莉卻會面露不安且古怪，因為她無法解釋遲到的原因，不然就會引發衝突，那就是她的錯（我們可以打賭，操控者必定會否認與散步有關的事實）。

對雅莉的影響

◎ 在不耐且易怒的父親與愛背地激怒人的丈夫之間，她束手無策。

◎ 她無法放鬆享受本該是與丈夫兩人獨處的放鬆時光。

◎ 她的情緒強烈到無法清楚地思考該如何掙脫困境。

◎ 從小就害怕面對父親發怒，現在想到父親的怒氣，她依舊難以自持。

◎ 若她私下向父親解釋緣由，恐怕還是會對自己任由丈夫決定感到羞愧，更可能引發丈夫與父親的衝突，她父親可不會保持沉默。若是這樣，以後的相處又更艱難了。

操控手法放大鏡

製造不合（SEMER LA ZIZANIE）：想方設法引發衝突，尤其是讓被操控者和周遭之人起衝突。可能的做法有很多：編排些人們可能會在背後說別人的壞話、製造會產生爭端的情形、否認與自己有關、在不讓人發現的情況下給兩造不同說法等等。這種操作會使被操控者被孤立，還可以讓掠食者對自己有能力引發衝突和控制他人關係感到愉悦。人稱「分而治之」。

她能做什麼來保護自己？

* 意識到控制對方的控制。強烈的情緒反應：對加百列的憤怒、對父親的害怕、對孩子的擔心、覺得自己束手無策，阻礙了她的思辨能力。
* 覺得時間差不多了就自己先回家，不要走那條不認識的路，避免延誤時間。
* 一聽到丈夫咒罵父親，就自己先回家。
* 打電話給父親，說他們走的路可能會讓他們回家遲到。
* 如果散步時自己先回家，要預期晚上跟丈夫相處可能會有些緊張。想要顧好自己，可以透過持續跟父親聊天來汲取溫情與勇氣，以及減少夫妻單獨相處的時間。
* 把這件事寫下來，釐清思緒，不要忘記。

幾點幫助雅莉的思考：

* 從小與父親的關係和現在與丈夫的關係，兩者之間是否存在某種相似性*？
* 妳與丈夫相處時是不是重現了某些從父親那裡學到的相處態度，比如順從對方，別讓他生氣？
* 如果停止順從、反抗對方、表達自我主張，妳怕什麼？
* 妳得學會什麼才能面對衝突，做到反抗對方、表達自我主張？
* 妳會不會害怕如果不順從就不會被愛？

---

* 孩子與父母的關係可能會類似他與配偶的關係，即使父母與配偶的個性未必相似。在這個例子裡，路易和加百列都對雅莉專斷獨裁，但路易並沒有病態特質。

＊ 現在這個情境與上述問題的答案之間是否有什麼關聯？是否與妳留意到的某些因素相呼應？

＊ 妳可以運用哪些資源來幫助自己勇敢表達意見和反抗？

操控手法：製造不合（第173頁）、剝奪喜悅（第85頁）

被遺忘的太太

　　可芮麗在家裡辦了場家族聚會。大家平常住得遠，乾脆就多待幾天。散步、用餐、聊天、用餐，氣氛溫馨熱絡。被不幸的婚姻一點一滴吞食摧殘、疲憊不堪的可芮麗精神為之一振。她的丈夫克雷蒙在眾人面前表現得十分親切，還拿出了他的咖啡機！這咖啡機是可芮麗送給他的，是他自己一個人用的，平常擺在他的書房，別人都不能碰。每餐飯後，他會問大家要不要來杯美味的濃縮咖啡，除了太太以外。每次都這樣，除了可芮麗以外的每一個人都拿到咖啡以後，他就幫自己也泡一杯，然後回位子上坐下。每晚夫妻兩人留下收拾的時候，他卻看起來很陰沉，一句話都不說，像是在擺臭臉。可芮麗對此沒反應，就算她問克雷蒙怎麼了，也只會被指責的唾沫淹死而已，一如既往。所以她選擇什麼都不說。說了咖啡的事又怎麼樣？

發生什麼事？

克雷蒙的操控手法

→ 他對每個人都很友善，卻刻意忽略幫可芮麗也泡一杯咖啡，既否定了她的存在，也是對她的羞辱。

→ 他私底下對她很惡劣，但誰想得到呢？在熱烈的對話氣氛下，賓客不會發現這種隱藏的攻擊。可以說，他暗暗發動攻擊，無人察覺，藉此孤立可芮麗。不只在平時剝奪喜悅，在特別的美好時刻更是如此。

→ 若是可芮麗因為他一貫的小動作不爽，說了出來，大家的目光會集中在她身上，而不是丈夫身上。眾人會把她當成愛抱怨、破壞氣氛的討厭鬼。

→ 克雷蒙當著眾人的面也可以辯稱只是疏忽，大家不會注意到他每一次都刻意遺忘，會相信克雷蒙的藉口。

→ 晚上毫無道理的擺臭臉也是很有效的附加操控：可芮麗不想引起爭執，選擇不提咖啡的事，導致獨自承受壓力。

→ 再說，他握有一把頗為稱手的武器：克雷蒙專用咖啡機，任何人想用都必須先問過他。這足以顯示可芮麗即便對日常生活小事都無能為力。一般人應該會讓大家共用咖啡機，不必每次都問他。

→ 克雷蒙讓家人享用他的寶貝玩具，表面上看似慷慨。

→ 他缺乏感恩的心：咖啡機是可芮麗送的禮物，竟被拿來羞辱她，恩將仇報。

對可芮麗的影響

◎ 她知道如果自己跟克雷蒙說了，晚上他必定會使出一貫的手法對付自己，那麼又會影響自己在家庭聚會的心情。因為她需要家庭聚會的安慰，所以選擇什麼都不說，保持和平，即使她明明感覺到這是一場武裝和平。她知道在這種情況下說出來、討論、交換意見，都沒有用。

◎ 她陷入窘境：要嘛什麼都不說（也就沒得喝咖啡），要嘛請克雷蒙泡一杯給她，那就增強了被羞辱的感覺，畢竟咖啡機是她送的，身為太太想喝杯咖啡竟然需要丈夫「垂青」，而別人都有咖啡，還是他獻殷勤提議泡的。

◎ 請克雷蒙泡給她會讓大家發現她的窘境，她覺得自己的艱難被外人看見很丟臉。

◎ 如果她自己泡一杯，等於某種程度上承認自己不值得丈夫獻殷勤，不只別人會覺得她這行為怪怪的，私底下還會被丈夫責怪說自己動了那台只屬於他的神聖機器。病態型自戀患者就像任性的小孩，不喜歡別人碰他們的玩具。

操控手法放大鏡

棉裡藏針（L'AGRESSION CACHÉE）：公開說出或做出某件只有被操控者才懂且受害其中的事。某種程度上的私下攻擊，像是私下說個笑話。被操控者就此陷入窘境，若有所反應就會被說難相處、個性多疑，甚至有被害妄想，所以通常是默默吞下，被迫表現出春風得意的樣子。這麼做能孤立被操控者，還能欣賞她的情緒反應。若被操控者說出來，對操控者也有好處，因為他會被當成純潔無辜之人，反而被操控者才是有問題的人。

她能做什麼來保護自己？

* 意識到對方的操控。她不承認克雷蒙的行為是有意識而且故意的，這想法阻礙了她清晰思考。看似難以想像，一貫的「忘記」也是一種線索……

* 幽默以對。第一次，用歌唱語調說出來：「我想～你忘了我～～」第二次，笑著說出來：「你是否覺得我火冒三丈？」第三次，用一種演得很誇張的語氣說：「你不愛我了嗎？」其他人可能之後會開玩笑地學，克雷蒙會過得像是被大家公開嘲笑，自食惡果。他很可能從此再也不會忘了給可芮麗來杯咖啡。

* 別私下跟別人說這件事，否則就表示她被操控者拿捏住了，會給他帶來施虐般的快感。再者，把這件事拿出來說，等於給他一個機會把自己當成有被害妄想症的人（通常如此發展）。

* 記下這件事以及她的小小勝利（公開用幽默化解），釐清思緒，不要忘記。

幾點幫助可芮麗的思考：

* 妳是否對於不受重視、不把自己看在眼裡的人事物特別敏感？若是如此，過去的生命中，曾經歷過什麼特別痛苦的事情？何時、何處、與誰發生的？

* 妳是否容易退卻，往往只服務別人，不夠重視自己？妳一直採取這樣的姿態活著嗎？

* 若是如此，如果妳開始重視自己、開始考慮自己的需要、開始取得一席之地的話，妳害怕會失去什麼嗎？

* 現在這個情境與上述問題的答案之間是否有什麼關聯？是否與妳留意到的某

些因素相呼應？

＊ 妳需要運用哪些資源才能好好重視自己？

操控手法：剝奪喜悅（第85頁）、棉裡藏針（第179頁）

妳的媽媽不是妳的媽媽

　　因為工作的關係，奧立維常常在鄉下岳母家過夜。太太愛麗希雅反而很少去，工作、孩子、房子已經讓她忙不過來了。可是她很想念母親，對於時間飛逝感到悲傷，她很想去找母親，享受被呵護嬌寵的感覺，重新振作精神，因為她活得很辛苦，工作很忙，而且奧立維不好相處。兩個人都在母親家時，愛麗希雅有時候會找不到杯子、湯碗、砧板等，因為上了年紀的母親為了好拿就把這些東西移了位置，不在它們平常該在的地方。奧立維會跟她說東西放在了哪些新地方，臉上帶著勝利的微笑，讓愛麗希雅覺得他比起自己更把這裡當自己家。

發生什麼事？

奧立維的操控手法

→ 他在妻子的母親家中鳩占鵲巢,像是杜鵑鳥托卵寄生(杜鵑鳥會在別種鳥的窩裡下蛋,而且還先把寄主的蛋推出鳥巢外)。

→ 他在別人家過得很自在,還留下自己的記號。

→ 透過一些表面上沒什麼的小記號,他讓愛麗希雅覺得現在他比她還像是在自己家,讓她處於一種外來者的競爭狀態。

→ 他就這樣不知不覺地竊取了愛麗希雅的出生地和她的根基。

→ 愛麗希雅為了照顧小家庭的日常生活,不容易回母親家,反而他能自由來去……

對愛麗希雅的影響

◎ 奧立維的話，再加上那該死的微笑，讓她既難過又生氣，也很意外自己情緒反應這麼大，畢竟他「只是」告訴自己湯碗放哪而已。

◎ 愛麗希雅感到迷惑。她告訴自己，丈夫比自己更常待在這裡，這很正常的……應該為丈夫在娘家感到自在而開心才對。

◎ 她也為自己很少回娘家隱隱感到內疚，但其實這是奧立維對家務分配所造成的結果。

◎ 她沒看出這個操作是刻意的挑釁。

◎ 她焦慮不安，沒能享受在娘家的時光。

◎ 她覺得很失落，如果沒有實質的歸屬感，彷彿身分認同的根基都被連根拔起。

操控手法放大鏡

鳩占鵲巢（LE VOL DU TERRITOIRE）：自戀人格疾患（病態型自戀是其中一種子型）的特點是用極度自戀來彌補低自尊（une faiblesse du moi）。為了彌補低自尊，自戀者試圖將他所羨慕的一切化為己有。盤距某人的領域，尤其是被操控者的領域，表現得像是自己的。領域有各式各樣的：「身體領域」（territoire physique）如住處、辦公桌、車子、物品；「關係領域」（territoire relationnel），像是愛人、朋友、孩子、關係；「象徵領域」（territoire symbolique），如價值觀、興趣（文化、智識）、社會階級等等。如此一來，自戀者就能竊取被操控者所擁有的名聲，還可以竊笑著看被操控者發現被劫掠後的沮喪。最後，自戀者比較無意識進行的是「身分借用」（identité d'emprunt），因為他無法建立一個穩定的自我。

她能做什麼來保護自己？

* 意識到對方的操控，了解自己如此反應是正常的。奧立維的指引看似沒什麼，不容易覺察他藉此玩弄，讓愛麗希雅無法看透。

* 當奧立維告訴她東西放哪，別回答他；若東西移到她不知道的地方，只問母親放哪兒了。

* 到家中熟悉的角落汲取安慰，喚醒回憶，與母親一起或是自己一個人的都好，重新找回自己的地位。

* 如果有可能，跟媽媽多些親密的肢體接觸吧，因為奧立維不能這麼做，只有愛麗希雅可以，而且她非常需要，只有這樣她才能找回內在的穩定。

* 別談到奧立維的話，別跟他說（這表示他的操作有效，會讓他獲得施虐般的快感）也別跟媽媽說，她應該不會明白的，畢竟表面上看來是無足輕重的小事。

幾點幫助愛麗希雅的思考：

* 這是妳第一次遇到有人想從妳那裡奪走本該屬於妳的東西嗎？無論是具體物品或是象徵之物？如果不是第一次，那麼何時、在哪、與誰發生過類似的事了？

* 妳覺得自己有資格占據自己目前的位置、擁有一席之地嗎？若不覺得，那麼這個問題會讓妳感到痛苦嗎？妳從何時開始為此感到困擾？在何種情境下、當下有誰？

＊現在這個情境與上述問題的答案之間是否有什麼關聯？是否與妳留意到的某些因素相呼應？

＊妳需要哪些資源才能站穩，保護屬於自己的人事物？

操控手法：鳩占鵲巢（第185頁）

妳在找
這個？

離婚後的操控

好了。被操控者開始擺脫束縛，正在進行離婚程序。分開從來不是一件簡單的事情，過程通常不令人心情愉悅。在這個時候，操控者的操控也不會如魔法般瞬間停止，相反地，還可能變本加厲。操控者的自尊（ego）受傷（對他來說是最嚴重的傷害），會想方設法破壞地比平常更厲害。他會運用各種手段，只要能打擊到被操控者，尤其會無恥利用孩子，財務問題也不會放過，繼續藉此來困住被操控者，更別提各種謊言、隱匿、敲詐，操控者都會恬不知恥地運用。

即使被操控者已經停止信任操控者了，清楚意識到與對方理論毫無用處，急著結束婚姻關係，仍然會在風暴中被動搖，因操控者的詭計不一致（l'incohérence）而不安。

不過，操控者加強了操控手段，也有幾點正面影響。一方面，如果被操控者懷疑自己採取的做法有沒有錯，他的行為會再次提醒她想要結束婚姻是對的。另一方面，謊言有時候大到周遭的人都察覺了，他們最終會明白問題出在誰身上。尤其是孩子，早晚會看清真相，這有助於保護他們。

離婚或分居的道路並不好走，充滿了陷阱，但是這場戰鬥值得奮力一搏。這是通往自由的道路，更是心靈重建的歷程。在我陪伴被操控者的過程中，我見證了驚奇且令人讚嘆的轉變：更清晰的神智、更強健的內在力量、更多的基本自由更有創造力，更清楚自己的界限與價值，更多的自我主張……我跟自己說，尼采說得對：殺不死我的，必使我更強大。

我的話就是法律

　　絳與雅萌汀娜即將離婚。目前依舊同居，兩人很是痛苦。針對離婚一事，兩人分別諮詢律師。絳想要房子，但房子是雅萌汀娜買的。律師告訴他在簽訂協議離婚書以後必須支付一筆居住的贍養費給妻子。他無法接受，在談判桌上告訴雅萌汀娜說他一毛錢都不會付。為了避免無止盡的爭吵，而且根本毫無意義，雅萌汀娜回答說：「這是法律規定的。」絳沉默不語。稍後的用餐時間，雅萌汀娜吃完飯便起身，不想跟丈夫同桌共處更久的時間。絳丟出一句：「坐，妳得待著，這是法律規定的。」雅萌汀娜又坐了下來，十分驚訝。

發生什麼事？

絳的操控手法

→ 他一副貪財的嘴臉，什麼都不想付，即便是合理公平的規定。

→ 他不能忍受有任何事物阻礙他的慾望、反抗他的「高貴」，即便是法律也一樣，他值得擁有優於他人的特權。唯一合他心意的法則，就是他的慾望。如同路易十四與他的名言：「朕即國家！」他可以說：「我就是法律！」

→ 他想像前妻也跟他一樣把自己的慾望當作法律。這是一種自我投射。

→ 他的論點顯示了潛在的病症：類妄想，依據病態型自戀者自己的慾望來安排現實。雖然支付住房津貼是法律規定，但與丈夫同桌吃飯並不是。

→ 上述的邏輯太不可思議而且不容易面對，導致操控生效：驚訝的雅萌汀娜開始思考是不是自己錯了，趕快坐下並轉移到別的事情，避免繼續與剛剛聽見的瘋狂想法糾纏下去。

對雅萌汀娜的影響

◎ 她可能因為離婚而脫離對方的控制（但真正分居之後，控制通常還是會持續一段時間）。

◎ 儘管她想離開餐桌，卻還是坐下來，面對令人驚訝的言論以及不想要再陷入另一段爭執讓她聽話接受（真正分開之前還一起生活的日子通常是最難捱的）。

◎ 她應該難以理解方才聽到的瘋狂言論。技術上來說，她的感受正是所謂的異樣感（le vécu d'étrangeté），即當精神病患者（une personne psychotique）突然展現出對現實奇怪或譫妄的想法時，我們會有的那種介於驚訝與不安的感覺。

◎ 當這份異樣感出自於極親近的關係，像是丈夫（本案）、朋友、父母或同事，會更難放下。我們試圖盡快忘掉這感覺，這在某種程度上解釋了被操控者為何經常出現失憶（amnésie）的症狀。

操控手法放大鏡

強行通過（PLUS C'EST GROS PLUS ÇA PASSE）：用明顯的謊言或謬誤的論點來強迫他人接受自己無理的信念。即便很荒謬，自己相信更能令人信服，包括增強自己的信念，自己是無可指責的，唯有自己所相信的能夠定義真實和改變現實。這個操作能引起被操控者的迷惑與不安、使其懷疑自我、沉默，甚至獲得其他不當的好處。

她能做什麼來保護自己？

* 意識到對方的操控。因為令人不安的異樣感讓她無法清楚看穿對方的手段。
* 直接離開餐桌，假裝什麼都沒聽見。
* 花一點時間來想明白絳方才說的話有多不合理。
* 跟自己說：這婚真是離得好！
* 把這件事寫下來，釐清思緒，不要忘記。

幾點幫助雅萌汀娜的思考：

* 妳是否曾在別的時候因為前夫說出類似的荒謬之言感到驚訝困惑？哪些話？什麼時候發生的？妳當時怎麼反應？妳會一點一滴地響起來，每當想起就都寫下來，如此一來能夠重建內在的一致性（sa cohérence interne）。
* 是否有其他人曾不顧她的想法，說出某些話或者做出某些事讓妳產生過類似的迷惑？是誰？什麼時候？
* 妳若發現對方言語中有些邏輯不通（incohérence），她會害怕什麼嗎？
* 面對他人的質疑，妳會不會輕易懷疑自己的想法是否正確？妳在哪裡、何時、跟誰學到這麼做的？
* 現在這個情境與上述問題的答案之間是否有什麼關聯？當下狀況是否與妳所留意到的某些因素相呼應？
* 妳可以運用哪些資源來保持自己的思想一致性（cohérence de pensée）？妳可以做什麼來承受對方病態的不一致（l'incohérence pathologique）所引發的不安？

操控手法：強行通過（第193頁），捏造事實（第204頁）

妳得等我吃完，這是法律規定的！

偽君子，真小人

　　蘿拉終於從一段可怕的婚姻中脫身了。賈斯帕控訴她各種不是、貶低她、抨擊她、用各種方式羞辱她、既指責她工作太多的同時又享用著她的薪水、交替著視自己為英雄和受害者……終於，解脫的時刻來臨：過了二十年的地獄生活，終於離了婚，兩人在公證人面前進行財產分配。賈斯帕用低沉平穩的嗓音說：「我將會付我該付的，所有我該付的，但我只付我該付的。」聽起來似乎很可靠、很在意道德倫理……協商開始，沒完沒了，任何可以想見、可討論的小細節都有問題能抓出來說。賈斯帕實在有夠厚顏無恥，還帶著律師當靠山，讓公證人大為驚訝，就連經驗豐富如他也從未看過這樣的人。蘿拉懶得繼續堅持，同意了非常不公平但可接受的協議，所以賈斯帕成功地向蘿拉強行取得了一筆錢財，花費比起上法庭訴訟（律師費等）更少一點。

發生什麼事？

賈斯帕的操控手法

→ 他用一副老實人的姿態哄騙在場的人，態度平和，語氣沉著，誠懇合作尊重規範的態度（見下頁）。

→ 他實際上卻想要付越少越好，而非試圖平均分配夫妻共有財產。一般人的做法應該是當然會一方面留意自己的好處，但用誠實的方式取得，符合自己先前的聲明。

→ 他滿口謬誤論點狡辯操控，還帶上助陣的律師，為的是爭取更多的錢。

→ 他的詭辯導致協商漫長無比，讓與會者頭昏腦脹。

→ 他最後如願取得一筆相當可觀的錢財，但若要付錢給律師繼續打官司則還略有不足。繼續打官司對雙方來說都有風險，而且還需要耗費更多精力。

對蘿拉的影響

◎ 她還抱著一絲希望，但願兩人能夠好聚好散，所以賈斯帕一開始採取「白衣騎士*」姿態的話術騙到了她。

◎ 她準備不足，以為一切都清楚明白，而沒有堅定說明自己的立場，也沒有預料到協商中令人頭痛的狀況。

◎ 她進退兩難：要不就重新開始一個訴訟程序，要不就接受掏出一筆不該付的錢。

◎ 她沒精力沒鬥志，無法好好思考。

◎ 她急著離婚，無論要付出什麼代價；為了得到平靜，她隨時都願意放手。

---

* 譯注：商業上的「白衣騎士」是指向另一間公司（或個人）提供協助的公司或者個人。比如向嚴重負債、瀕臨破產的公司提出收購，或是向遭受第三方惡意收購的公司提出善意收購，阻止第三方以較差的條件或價錢收購目標公司的權益。白衣騎士提出更好的收購條件或價格，或是擊退進行惡意收購的公司。

操控手法放大鏡

合理的請求（LA PÉTITION DE PRINCIPES）：用堅定的語氣宣告自己並不打算遵守的承諾或是道德準則，實際上所做的跟之前所說的完全相反。這種操作能有效節省時間，甚至讓被操控者基於信任操控者所宣告的準則而放鬆戒心，毫無留意。可能的附加操作：透過解釋沒能遵守先前所說的承諾或準則都是因為被操控者的關係來造成她的罪惡感，或者扮演受害者，說明自己別無選擇只能違背原先的承諾。是不是很像政治人物的操作手法？

她能做什麼來保護自己？

* 意識到對方的操控。她天真地以為一切清楚明白毫無爭議，雙方都會誠實。就是這樣才讓她看不清對方的手段。

* 既然牽涉到金錢，便要預期會有協商談判，對方可能會生硬粗暴，未必彬彬有禮。

* 要有各種心理準備：物理方面（盡量吃飽喝足睡夠）、情緒方面（例如請親朋好友支援）、具體方面（盡可能完善自己的文件）。

* 要認清、牢記在心：當操控者提出合理的請求時，往往他實際上會做相反的事。

* 要預先推演而非當場決定：她對賈斯帕的要求能夠讓步的底線在哪裡？何時她會再進行一次調解協商（請示法官做出分配裁決）？

* 要預期自己可能會被扒下一層皮，事先接受這件事，以免心中苦悶（毒會在她心中發酵）。

* 把這件事寫下來，釐清思緒，不要忘記。

幾點幫助蘿拉的思考：

* 妳是否習慣把自己的利益，尤其是金錢上的利益，視為不重要、甚至不合理不正當？

* 當妳需要捍衛自己的財產和所有物時，會不會覺得有些丟臉或不好意思，比如在之前婚姻中的時候？

* 妳是否認定誠實為上策？

＊妳是否允許自己在離婚協商時能夠顧及自己的物質需求？

＊妳是否習慣了把自己放在別人之後？從何時開始、在哪裡、為什麼會養成這個習慣？

＊妳是否失去鬥志？若是如此，從何時開始的？

＊現在這個情境與上述問題的答案之間是否有什麼關聯？當下狀況是否與妳留意到的某些因素相呼應？

＊妳能夠怎麼做，開始顧及自己的利益並允許自己獲取足夠的安適？

操控手法：合理的請求（第205頁）

作賊喊捉賊

　　瑪莉與堯沁在經歷十年吵吵鬧鬧的可怕婚姻後，終於離婚了。堯沁想獨自撫養兩人的九歲兒子幼恩，可是之前他從沒怎麼照顧過兒子。在同居的時候，他突然變成（幾乎是）模範爸爸。他開車載幼恩去上學，檢查他的作業，可是給他吃一堆薯條和糖果，買玩具和最新的時尚鞋款給兒子，讓兒子熬夜玩電動幾個禮拜。有時候，瑪莉聽到他跟幼恩說：「就做吧，如果她生氣罵你，別理她！」當她點出兒子不均衡的飲食或是缺乏睡眠，堯沁毫不隱諱地說：「別聽她的，媽媽是壞人。」「媽媽有點……怪怪的。」「我們男生才懂。」……諸如此類的話。有一天，瑪莉再也忍不下去了，跟他說自己知道他在教兒子對抗自己。瑪莉站著，堯沁朝她走了過去，威脅她說：「妳敢再說一次試試看？」她跟自己說，我沒什麼好怕的了，又再說了一次。然後，堯沁走向她，推了她一把，想把她推倒。瑪莉身體晃了一下，眼睛直直地看著他，接著抓起包包。「妳要去哪？」堯沁問。「去警察局報案，因為你推我。」顯然，堯沁怕了。他眼睛睜大，反駁說：「那妳呢，妳就沒有推我？」

發生什麼事？

堯沁的操控手法

→ 在離婚的角力中，他利用了自己的孩子。

→ 他試圖用禮物和放縱來引誘兒子。

→ 在幼恩和瑪莉之間製造不合，目的有二：既可打擊瑪莉，離間她與兒子的關係，還能額外獲得一個對抗她的小小盟友。

→ 一般人應該會尊重小孩的意願，盡量不讓他因為父母離婚受到傷害，這本身就不是一件容易的挑戰。

→ 他不能忍受反抗，想讓看破他手腳的前妻閉嘴，先是威脅，發現嚇唬不了她以後又動粗，想堵住她的嘴。拳頭就是他的道理。

→ 他害怕法律會限制他的至高權力（瑪莉想展開的法律程序會讓他的行為被當作暴力來處理）。

→ 作為最後的手段，他用狡辯來回應瑪莉的控訴，影射她也使用暴力，明明她沒這麼做。在他眼裡，如此荒謬的言論應該有機會動搖瑪莉對現實的認知。

操控手法放大鏡

捏造事實（LA FALSIFICATION DE LA RÉALITÉ）：掩蓋或否定全部或部分事實，藉此改變現實讓它變得看起來對自己有利。這手法激起內在的荒謬（folie inhérente）。一開始是刻意捏造，但說謊者往往最後自己都真心相信，至少對於部分的謊言信以為真。這結合了謊言與妄想，而比例就視情況而定。

對瑪莉的影響

◎ 她擺脫了控制，看清了操控手段。

◎ 她不怕了，不忍了，還生起氣來，因為低估了前夫的暴力傾向而冒險。

◎ 不過，她不想把事情鬧大，所以她只報案，並不起訴。

對幼恩的影響

◎ 在父母的角力中，他被利用，他真正的需要沒有被考慮。

◎ 他陷入了二選一（conflit de loyauté）的角力衝突，某種程度上被迫在爸爸和媽媽之間做個選擇，而他做不到。

◎ 他無法抗拒爸爸給出的立即享受：薯條、糖果、想要的玩具、時尚球鞋和電動玩具。這些都不是一個只有九歲的小孩子能拒絕得了的，尤其當父母親同意（甚至是強行給予）的時候。

◎ 不過因為媽媽不同意，他感到有點不安，他並不希望與媽媽產生衝突。而這就造成了他內心的衝突，他沒有受到保護。

她能做什麼來保護自己？

* 意識到對方的操控。現在幾乎沒有什麼能夠阻止她了，離婚進行中，她也看穿了前夫在玩的把戲。

* 問自己是否值得冒著遭受施暴的危險挺身與前夫開戰？

* 記得，無論她做什麼，他都不會改變的。

* 關心小孩和他所受的操控，有必要的話，請教這方面的專業人士，以合適妥當的方式行事，避免使情況惡化，也不要讓小孩陷入二選一的衝突，這會讓他內心更失衡、更不安。被夾在父母親中間的孩子就像人質，內心被撕裂，並不好過。病態型自戀者很有扮演受害者的天分，想保護孩子的健康母親都能被他說成有病的母親！

* 提起訴訟，別只報案就算了。體貼有分寸不會給她帶來什麼好處。

* 把這件事寫下來，釐清思緒，不要忘記。

幾點幫助瑪莉的思考：

* 妳相信前夫會聽進她的話，會改變，停止操控兒子嗎？妳得放掉什麼才能承認前夫是不會聽的？

* 妳為什麼報案而不起訴？妳有什麼策略？妳害怕嗎？如果害怕，怕什麼？妳有就這問題請教過律師嗎？

* 妳有意識到自己在害怕、在生氣嗎？這些情緒告訴妳要小心謹慎（害怕），充分有效率的行動（生氣），妳有好好聽進去嗎？

* 妳有照顧自己嗎？怎麼照顧？有對自己夠好嗎？還能更好嗎？

＊現在這個情境與上述問題的答案之間是否有什麼關聯？當下狀況是否與妳留意到的某些因素相呼應？

＊妳需要怎麼做才能更有效，也就是說，更確實、果敢地進行離婚程序？妳還能怎麼保護孩子？

操控手法：強行通過（第193頁），反轉（第158頁），捏造事實（第204頁）

挑撥離間

　　露兒的脾氣很差，在這個時候，理論上她已經過了青春期，剛剛成年。可是她對所有人的說話方式，尤其是對媽媽莎哈，實在讓哥哥路卡驚嚇。看到莎哈瘋狂工作累得像牛一樣只為了讓孩子過上舒服的生活，露兒卻花錢如流水，還對媽媽說話態度兇巴巴、傲慢又滿口指責，這讓他非常生氣。他多多少少知道他們的父親靠著他一貫的小手段，已經有段時間沒付贍養費了。莎哈什麼都沒說，想保護孩子們。這讓他與爸爸淡薄的關係尚能維繫，路卡頗為感激，他需要一個爸爸。有天路卡忍不住對妹妹發飆，爸爸佛羅里安，在與莎哈離婚十二年後，對他說：「如果受不了你妹，就別住你媽家了吧！錢嘛，我會幫你。」路卡覺得這主意太棒了，轉頭告訴莎哈。這讓莎哈不知道該說什麼⋯⋯

發生什麼事？

佛羅里安的操控手法

→ 他很狡猾，一箭三雕：莎哈、路卡和露兒，企圖破壞整個家庭的關係運作。

→ 佛羅里安想辦法不付贍養費，在孩子們最花錢的年紀讓莎哈獨力撫養。即使他賺得不少，他的錢也只能自己花，才不給任何人，就算是他的小孩也不行。

→ 他樂見莎哈必須努力工作，不過她離婚以後竟然過得還不錯，這就讓他不爽。

→ 他建議兒子離家，還說會給予金援。事實上，他不太可能長期這麼做。

→ 他企圖用錢來牽著路卡的鼻子走。

→ 他知道如果他不付錢，或付得不夠多，或沒有按時付，莎哈就會撐起兒子的基本生活（讓他能付房租、吃得還行），也就是說莎哈的負擔會更重，佛羅里安想到就高興。如果她做不到，那最好，他就可以指責莎哈沒能力養小孩。

→ 跟莎哈要錢可能會讓路卡感到內疚，因為露兒這麼做讓他非常反感，不過佛羅里安會很高興。

→ 他可能暗自期待這個情況能引發莎哈與兒子之間的爭執，太美妙了。

→ 這也可能影響路卡優秀的學習成績，這讓他感到嫉妒：只有他能夠成功才對，別的男人尤其不行，因為兒子覺得如果讓媽媽花更多錢會有罪惡感，可能會去打工賺點錢。

→ 他讓路卡和露兒無法自行解決紛爭：他教他逃避、繼續生氣、心存苦澀，而不是聆聽與了解、留意令自己困擾的是什麼、仔細檢視並解決問題。

→ 他教導兒子有毒的行為（comportement toxique）：為了逃避問題而非解決問題而衝動行事，

這正是佛羅里安所做的。

→ 他讓路卡確信自己有理由生氣，這必然會讓他與妹妹的衝突加劇。

→ 莎哈有可能對女兒生氣，將路卡離家怪罪到她身上，如此一來就能在母親與女兒之間製造衝突。

→ 他成功插手莎哈與路卡、路卡與露兒、露兒與莎哈之間的關係，即便沒與他們三人同住，也能在他們之間撒下不快樂、內疚、憤怒、不合的種子，幾乎是個大藝術家呢！

對莎哈的影響

◎ 她沒辦法對兒子說她觀察到和理解的事，怕會被當成：

- 偏執妄想，心中苦澀，批評孩子父親的壞女人；
- 占有慾強的母親，不想讓孩子離家獨立（佛羅里安就是這麼說的）；
- 偏心的母親，只幫女兒不顧兒子；
- 沒膽的女人，對兒子獨立生活沒信心，會壞了孩子的自信心。

◎ 她如果說出來，未必有人信，但一定會引發難以解決的衝突。

◎ 她如果告訴露兒，露兒可能會轉身跟路卡吵說他在背後跟爸爸抱怨她，因為路卡不直接跟自己說這件事，的確會讓露兒感覺受到背叛。

◎ 想到兒子可能受到挑撥而離家讓她心情沉重，孩子羽翼豐滿準備好離家有多令人喜悅，那麼孩子因為逃避而離家就有多令人難過。

◎ 她如果否認，會對露兒更加生氣：她忍受露兒的行為是因為這是她成長路上必經的過程，但是因為她才害得路卡被挑撥想離家。

◎ 她可以想見自己又得累得像頭驢才能確保三人生活無虞。

◎ 她怕路卡會為了打工賺錢導致大學成績退步。

對路卡的影響

◎ 他還以為爸爸的建議很好。

◎ 爸爸順著他的毛摸，合理化他的憤怒，並且把他原本可以自己尋找與妹妹和解的方法而非與之敵對的想法給帶偏了。

◎ 他並不是真的有離家的心理準備，感覺是被妹妹趕出去的，這讓他更生氣。

◎ 受到父親暗中鼓勵，他其實也氣莎哈讓露兒這樣對她說話卻不依照他認為媽媽該做的方式去做。他不明白莎哈的教育理念，這很正常。

◎ 他相信爸爸會金援他，將來發現受騙時會非常失望痛苦，到時還得想辦法付房租……可能得打工，學業會因此大受影響，或是回家跟媽媽住，離家後要再回來住心裡絕對不自在，或許還會認為自己很失敗（佛羅里安絕不會放過強調這點）。

◎ 路卡被這件事卡住，但他還不知道。

對露兒的影響

◎ 佛羅里安在背後煽動，想讓露兒看起來像個麻煩製造者、逼哥哥離家出走的壞人、引發各種問題的源頭。她現在這麼難搞並不是要對抗任何人，而是正處在人生的學習階段，就像路卡之前一樣。

◎ 為了不引起額外的紛爭，所以莎哈什麼都沒說；父親挑撥路卡與莎哈，所以也沒說什麼。露兒可能會發現自己長期被大家討厭，但不知道原因。

◎ 唯一還對她「和藹可親」的人只剩父親，她完全不會發現自己被父親利用。

◎ 她可能感到悲傷苦澀，這並不會幫她走出現階段的危機。

莎哈能做什麼來保護自己？

＊意識到操控的動機與力量：她注意到了佛羅里安的操控，卻未看清每個層面，她必須詳細檢視、分析操控的每個層面。狡猾手段、歪曲詭計，再加上他布下的陷阱，阻礙莎哈看清。只要了解，就能讓她知道該怎麼做最好。

＊尤其別跟路卡或是露兒說任何事，以免觸動佛羅里安布下的陷阱。

* 陪同兒子做搬家的準備，手持紙筆計算，讓他意識到獨立生活伴隨的經濟壓力，跟他一起算出萬一（作為演練）爸爸沒給他錢，或是給得不夠，這種狀況下他該怎麼做。
* 對孩子有信心：路卡和露兒本性都不壞，等這段時期過了以後，他們就會和好。不是第一次發生這種事了……
* 放手：如果路卡真要離家，就算是在這種糟糕的情況下，跟他保持良好的關係很重要，在他需要幫助的時候她才能伸出援手，不讓兒子覺得太丟臉或有罪惡感（否則會打擊他的自信心和自尊心），也才不會讓他的學業受影響。
* 放鬆，信任：孩子們很快就會獨立自主，會削弱佛羅里安操控他們的可能性。
* 別鬆懈戒心：這經驗顯示佛羅里安會鑽各種漏洞，企圖運用他的毒性力量。
* 也要相信，隨著經驗的累積，孩子們會變得有能力保護自己。
* 把這件事寫下來，釐清思緒，不要忘記。

幾點幫助莎哈的思考：

* 對於佛羅里安挖坑給她跳，她是否曾疏於提防？如果有，為什麼？面對這次的事件，她學到了什麼？
* 她對孩子的管教方式是否太過寬容放任？如果是，為什麼？與她在婚姻中所經歷的事情有關聯嗎？婚前呢？她有注意到這種態度所帶來的負面影響嗎？如果有，是哪些呢？
* 態度堅定、畫下界限，對於她來說是否有困難？如果是，為什麼？如果她這麼做，她會怕什麼？
* 她是否總是犧牲自己、服務他人？如果是，為什麼？如果她不這麼做，她會怕什麼？

＊ 現在這個情境與上述問題的答案之間是否有什麼關聯？當下狀況是否與她留意到的某些因素相呼應？

＊ 她需要哪些幫助才能對佛羅里安的操控保持警戒又不會想到就怕，立場堅定地畫下清楚的界限，適度工作並照顧自己？

操控手法：製造不合（第173頁）

親子之間的操控

在這種情況下的操控手法有幾個特點：孩子事實上（de facto）受制於父母，因為他們無法獨自生存；孩子的養成來自父母，父母一直以來都是自己生命中的一部分，所以孩子看不出親子關係功能失調，而且由於對父母的愛與忠誠，孩子很難承認父母其中一人（有時甚至是兩人，唉！）有毒。很少有人來找我了解或是治癒受控制的童年經驗，他們應該是在來找我諮商之前，便已決定鼓起勇氣擺脫盲目的忠誠。關於這方面的心理治療工作，在於諮商者得承認父母親其中一方有自戀人格疾患的病態症狀，開啟一場痛苦的告別式。這能夠帶來真正的解脫，病態的教育（l'éducation perverse）模糊了判斷力，損傷了自尊心，並且經常會產生一種經常性的羞恥感。因此，意識到操控並加以擺脫極為重要！

雖然來找我諮商的是成年人，但我面對的是他們內心裡那個過去的小孩，才能幫助他們重建一個正常的自我形象。因此，我在本章的分析中增加了別章所沒有的兩個欄目：作為孩子，〈他／她可能會得出什麼結論？〉以及作為健康的成人或周遭的人，〈應該跟他／她說什麼？〉在有害環境之中成長、建立人格的孩子，很可能對自己、對他人、對這個世界得出謬誤的概括性看法和結論，這樣的信念也限制了他們。

故事場景中遇到問題的孩子是青少年，而且對時操控手法已經較有餘裕去面對時，我會增加自保行動建議。

當遭受父母親操控的狀況發生在成人身上，我便照常處理，加上一些問題讓他們能夠思考發現限制住自己的信念是什麼。

多讀一分鐘的書都不行

　　喬瑟林與太太離婚時，女兒愛洛伊絲四歲大。每兩週的一個週末，還有寒暑假的一半時間，他能夠接女兒到家裡來。愛洛伊絲是個愛做夢的人，因為喬瑟林很容易生氣，她很怕他，經常退縮。她表現得聰明、有禮貌、樂於助人、聽話順從，躲在自己的想像世界中與書本之中，她從小就愛看書。現在她七歲了，到爸爸家時，得遵從一個明確的規定：晚上八點半上床，可以讀十五分鐘的書再關燈睡覺。喬瑟林會來檢查。有天晚上，愛洛伊絲想早點上床，讀比平常時五分鐘再久一點的書。但喬瑟林生氣地告訴她：「不管妳幾點上床，都只能讀十五分鐘，不能超過！」

發生什麼事？

喬瑟林的操控手法

➔ 他控制女兒幾點做什麼以及什麼事做多久，濫用父親的權力。一般的做法是只要孩子遵守他認為不可討價還價的要求（熄燈的時間），在這框架內的時間運用讓孩子自主。

➔ 他沒有考慮到孩子的渴望。

➔ 他讓女兒動彈不得：只能依照他要求的去做，不能脫離他的意志掌控。

➔ 他表明自己是最高指導原則。

➔ 他享受獨裁般的掌控，女兒在他眼中就如同一件物品。

➔ 熄燈時間規定的意義是要確保女兒有足夠的睡眠，他的舉動卻排除了這項意義，成了單純展現他意志的舉動，彰顯他自己。

操控手法放大鏡

濫用權力（L'ABUS DE POUVOIR）：這是說人只要握有一點權力，就擴大行使權力的範圍，讓自己能用來控制、壓迫、貶低、破壞、對抗他人，沉迷於優越感與權力之中。各種情況下都可能遇到濫用權力的情形：家庭生活、夫妻關係、朋友之間、職場上……

對愛洛伊絲的影響

◎ 她被迫嚴格執行父親要她做的事，毫無迴旋餘地，無法進行自己渴望的事。

◎ 她被當作一件物品，一尊娃娃，或是一件行李。

◎ 為了不引起父親的暴怒且讓父親繼續接納自己，她必須心懷感恩地接受父親的過度濫權的控制。她學會順從。

她可能會學到什麼或是得出什麼結論？

* 必須順從才能被愛。
* 我的願望不重要。
* 我愛的人們（或是男人）都有權替我做決定。
* 我是一件物品（而不是人）。
* 她可能因此放棄任何自主的渴望，以避免感受到被拒絕以及無法達成願望的痛苦。
* 我們看到這個操控手法如何成為日後病態關係（relations perverses）的溫床。

應該跟她說什麼？

＊ 妳爸爸這麼做是不對的。

＊ 大人應該設下限制——在這個場景裡是睡覺時間——來保護妳的健康，但並
非限制妳休閒時間的運用自由，如果妳做的事情對自己沒有危險的話。

＊ 如果有充足的睡眠能夠維持身體健康，妳想要看久一點的書是可以的。

＊ 妳不是一件物品，妳想做的事應該被重視。

＊ 妳值得被認真看待。

＊ 目前妳不得不順從爸爸，因為妳還太小，沒辦法自己生活。但當妳長大，妳
就能自由地做妳想做的事。

操控手法：濫用權力（第220頁）

妳想要？偏不給妳！

　　露西與馬提爾有個獨生女，安娜。馬提爾其實還想要一個孩子，但露西不想知道。一個已經不錯了。露西說她從來都不喜歡孩子，尤其是小嬰兒，會哭鬧、要吃東西、口水會弄濕床墊，又不會說話，一點都不有趣。而露西喜歡有趣，喜歡被奉承，喜歡有時間做自己喜歡的事。她是名教授，而她最喜歡做的事就是看到學生眼中的恐懼或是崇拜。露西自認是女學生們的女性典範，她喜歡這樣。所以她生了個女兒，而且偶爾才照顧她。

　　「妳想要我帶什麼早餐給妳？」露西問。

　　「一個可頌。」七歲的安娜回答。露西帶回一個巧克力麵包。

　　「妳想要什麼生日禮物？」露西問。

　　「優一酷牌的褲子。」十四歲的安娜回答。然後她收到優二不酷牌的外套。

　　「妳想要我旅行時帶什麼禮物回來給妳？那邊的黃金很便宜。」露西問。

　　「一條手鐲，黃金手鐲，樣式簡單的就好。」十六歲的安娜回答，不是很明白為什麼，雖然跟自己說這麼明確媽媽不會搞錯才對，但依然隱約有些懷疑。她做了一個夢，夢見她的首飾……沒錯，她是得到了手鐲，不過是假黃金製的三圈交織款式贗品。

發生什麼事？

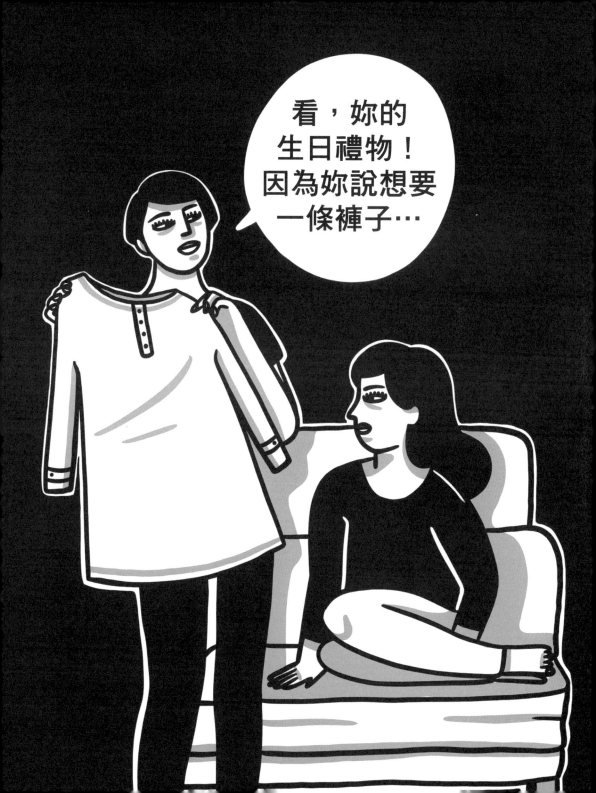

露西的操控手法

→ 她先勾起女兒的慾望，然後讓她失望。不過，只有部分失望，因為她還是給了某樣東西，只是跟女兒的願望「差一點點」。她這麼做而引起安娜的挫折感，安娜卻無法怪她。一般的行為應該是：要不就別問女要什麼，直接給她自己認為適合的東西（或者乾脆別給）；要不就問女兒要什麼，滿足她的希望，在能力所及範圍盡量符合她的要求。

→ 這是很典型的例子，必須累積諸多事件才能了解她在玩什麼把戲。若單獨來看，每次的情況都不會構成創傷事件，很可能只是行事笨拙，沒有人會死於這一點挫折。每一個情況獨立出來看，都沒有根本的傷害，更別說這些餽贈給予都不是什麼至關重要、生死攸關的事物。然而，情況一再重複，這本身就是有毒害的，而且很陰險。

→ 露西顯然不喜歡小孩，不過還是同意生一個，可能只是為了符合她想要營造的理想形象。我們不一定非得喜歡小孩不可；若不喜歡小孩，一般人最好就是不生，不過這個決定一定會帶來不小的社會壓力與周遭人的批判，在這種情況下未必有好名聲，形象不會受讚美……

→ 如果真的受到指責，露西至少有三種方式抗議：她可以指責安娜不知感恩又任性，再怎麼說，她都帶了東西回來；裝傻，解釋說自己誤會了；扮演受害者：「我為她做了這麼多，看看我得到什麼！」這三種反應，她都可以威脅說以後再也不送她禮物了。

→ 她讓女兒什麼都說不出口，只能勉強吞下不滿。

→ 她很喜歡這麼做產生的效果：一方

面，她因為給予了某種東西而顯得姿態慷慨，另一方面，她剝奪了女兒的快樂，自己因給予而獲得快樂，同時剝奪女兒接受的喜悅。

→ 她還期待收到熱烈的感謝呢。

→ 她透過讓女兒覺得困惑來掌控她，女兒必須因為不適合自己的禮物而感謝她（畢竟禮物並非與她想要的東西完全不同）。

→ 她透過傷害女兒來成就自己的重要性。

→ 露西不認真看待自己引起女兒的渴望，傳達給安娜一個訊息：她不是個值得被重視、被認真對待的人，她不是個重要的人（和露西自己一樣重要）。給她一個差不多的回應，就很好了。

對安娜的影響

◎ 她覺得挫折但說不出來；如果她說出來，就會被視為任性。久而久之，連她都要覺得自己任性了。

◎ 她得到某樣東西，依然覺得願望沒有被滿足，她會因此覺得有些矛盾。這讓她感到困惑，她永遠都不明白自己為什麼覺得不滿足，因為她已經得到了必要的

（le nécessaire），甚至更多的（le superflu）。

◎ 她真正的願望不可能被實現，因為餽贈被視為已經完成，不會再給同一類的物品。不是這個，就是什麼都沒有。

◎ 她覺得自己不被在意、被無視，這讓她認為自己不值得受重視。

她可能會得出什麼結論？

* 我不值得被認真對待。
* 為了得到一點點關注，就算我不開心也得表現出開心的樣子。
* 差不多我就要開心了，我不值得更好。
* 我的慾望是不好的、永無止境、骯髒的、說不出口的。我很糟糕。
* 人的一生是不可能快樂的。

應該跟她說什麼？

* 媽媽送給妳不是妳要的東西，雖然很像。妳可以察覺這件事，沒有關係。
* 妳完全有權利有慾望，知道妳真正想要的是什麼，這並不表示妳是個糟糕的
  人。
* 妳值得被認真對待，妳跟其他人一樣重要。
* 妳這一生能夠找到快樂，當妳用恰當的方式獲得想要的事物，妳就會快樂。
* 當妳更大些，妳就有權力可以實現妳真正的願望。
* 妳有權利對妳不想要的事物說不。

操控手法：剝奪喜悅（第85頁）

反正妳老了都一樣

　　年輕時在一段充滿風風雨雨的婚姻中，吉賽爾有了女兒寶蘿，然後很快就離婚收場。自那時起。吉賽爾與寶蘿相依為命，再也沒有重建自己的生活。時光飛逝，少女寶蘿也開始與理夏談起戀愛，他是個病態的誘惑者（séducteur pathologique）。寶蘿很不快樂。這個中午，她很想哭。她背對母親洗著碗盤，因為她隱約覺得必須對母親隱藏自己的困擾，但吉賽爾發現了她的不對勁，用溫柔的語調問她說：「妳怎麼了？」她一下就崩潰了，跟母親訴說：她先前跟理夏出門，遇到了他前女友，理夏的目光看似對她重新燃起愛火。然後，他還對前女友大大恭維一番⋯⋯寶蘿覺得受折磨、羞辱、受傷。她哭了。然後母親告訴她：「反正妳以後就是個嫁不出去的老姑婆。」

發生什麼事？

吉賽爾的操控手法

➜ 她看到女兒的悲傷痛苦進而詢問，可能只是為了自己從中得到滿足與愉悅，至少不是為了幫助女兒走出痛苦，因為女兒的事擾了自己的平靜。

➜ 她溫柔的語調是個陷阱：其實她一點同情心都沒有。

➜ 她沒有提供解決辦法。正常的作法應該是，在這種情況下，帶著關愛地傾聽、撫慰、給予希望，告訴女兒無論是與理夏或是與別人，她都能擁有充滿美好愛情的人生。這也能夠幫助女兒看重自己的尊嚴，因為方才發生的事情正侵犯了她的尊嚴。

➜ 她在女兒展露脆弱的時候發動攻擊。

➜ 她羨慕女兒有愛情生活，她自己無法重新建立一段戀愛關係。

➜ 她貶低女兒，暗示她無法，也不值得，在關係中過得幸福快樂。

➜ 她像催眠女兒似的暗示她無法得到幸福，跟自己一起當單身老女子，很廉價的身分。這約莫就是吉賽爾跟自己說的話……我們可以想像無法成功吸引男人讓母親的光輝形象黯淡不少，而她試圖維持光輝的形象。然而，單身絕不是個缺陷！不過若寶蘿最終維持單身，她很可能引以為恥。

➜ 她或許期待，若暗示有效，女兒就可以跟她一起仇視男人，組成一對違背倫理的伴侶（un couple incestuel*）。

---

* 譯注：心理學上形容某些家庭成員的關係猶如伴侶，法文會使用incestuel／incestuelle這個形容詞。

對寶蘿的影響

◎ 她仍然希望能夠獲得母親的理解、幫助與支持，雖然她一開始的沉默顯示出她已經意識到應該無法獲得。

◎ 她選了一個即便沒有毒害也是不忠誠的戀愛對象，很可能是以母親的戀愛對象為範本的類型。

◎ 她恐怕會認同母親的預言，強化自己永遠找不到愛人的信念。如果她不計一切代價不服從指令，試圖與人締結伴侶關係，她很有可能得接受任何人、任何事、就像現在⋯⋯最後，可能還是一個人。

◎ 她被情人與母親雙雙辜負，加強了她認為自己不值得被尊重、被喜愛和被理解的印象。

操控手法放大鏡

預言（LA PROPHÉTIE）： 向被操控者預先說出她的悲慘未來，希望夠令她印象深刻進而實現這個預言。這個操控手法可有效地用製造恐懼來掌控人心，釋放自己的嫉妒、厭惡與仇恨，並企圖破壞對方的成就或喜悅。

她可能會得出什麼結論？

＊ 我不值得被尊重與被傾聽，因為我不夠好所以別人才對我不好。

＊ 我一定要有伴侶，破除媽媽的預言。（於是便鋪了一條通往地獄的堅實道路：為了維繫伴侶關係，什麼都能接受。）

應該跟她說什麼？

＊ 媽媽嫉妒妳擁有一段與男性的關係，雖然這難以啟齒。她無法忍受過去她失足之處，妳竟然成功了。

＊ 她言語中的苦澀以及侮辱「老姑婆」都是現實中她對自己說的話，對象是她自己而不是妳。

＊ 妳有權利終止那些不尊重妳、不適合妳的關係。

＊ 妳有選擇單身的自由，這並不會就此讓妳成為老處女，也不表示妳是個不完整的女人。

她能做什麼來保護自己？

* 意識到這個控制。因為她年輕、悲傷、需要支持，在一般能夠獲得支持的地方尋找支持，導致她看不穿這個操控手段。
* 保持沉默，編個故事或假裝因為累了才流眼淚。
* 找個會理解她、支持她的女性朋友吐露心事。
* 學習將母親隔絕於會讓自己受傷的事之外，與她保持距離，關於自己的私密之事都別對她說，尤其是戀愛的事情，因為她會嫉妒。
* 面對她未來也得不到母親的支持這個可怕的想法，對於放棄這個希望做一番哀悼（放棄這個希望是很痛苦的，通常需要一個完整的療程才做得到）。
* 離開這個男友，找另一個具備「尊重她」這項重要特質的人。
* 把「單身是個缺陷」這想法放掉，也不要試圖向媽媽證明她錯了，把時間留給自己去看誰真正適合自己，然後與這人在一起，獲得尊重與幸福。
* 把這件事寫下來，釐清思緒，不要忘記。

幾點幫助寶蘿的思考：

* 妳是不是認為媽媽對妳只有和藹的一面？妳看得出其實並非如此嗎？
* 妳記不記得媽媽有時候會露出敵意、嫉妒、和咄咄逼人？
* 妳是不是認為如果媽媽有敵意或嫉妒，妳必須做些什麼讓這不至於再發生，包括不要獲得自己想要的東西或者不要做自己想做的事？
* 或者妳是否，相反地，持反叛態度，試圖向母親證明她錯了，導致最後阻礙了隨心所欲行事的自由？

＊ 現在這個情境與上述問題的答案之間是否有什麼關聯？當下狀況是否與妳留意到的某些因素相呼應？

＊ 有誰會歡迎妳、對妳友善、給予妳人生的建議？妳能運用哪些資源，讓自己有時間找尋自己想要的事物，無論母親樂見與否？

操控手法：預言（第233頁），違背倫理（第260頁）

裝病賣傻

　　娜德菊跟崔可結婚，因為她懷孕了。她很年輕，而這場婚姻十足失敗，很快告終。娜德菊帶著女兒崔絲回到父母親家住了很長一段時間，然後才帶著女兒到外面住下來。自能記事起，崔絲一直都聽媽媽的話，聽她講心事，包括爸爸的事，媽媽對他嚴厲批評。娜德菊短暫交往了幾任男友都分手了，而崔絲一直都在，聽她訴苦、安慰她、照顧她、支撐著她。她的需求無所謂，母親的需求才重要。有一天，她離了家，這讓娜德菊非常絕望。身在遠方的崔絲依舊聽母親訴苦，她開始心理治療、結婚，伴隨著母親的苦澀和一些可怕的預言，說她的婚姻不會長久，因為男人都是這樣，因為崔絲太朝三暮四，才不會忠於一個男人（在遇見老公之前，她曾有過幾任男友，母親都不喜歡）。娜德菊就在茶餘飯後，插入了她的閒言碎語。崔絲第一個孩子出生時，娜德菊生病了，一次又一次，接二連三地生病。不是很嚴重，但每次都住進醫院。崔絲不像以前那麼有空，但依舊很擔心，沒辦法幫上什麼忙導致心情低落，被如此沉重的母親壓垮的同時，她逐漸意識到這並非她的角色該承擔的重量，她最後告訴母親娜德菊該去找心理師！真正的心理諮商！娜德菊決定去諮商。只進行了幾次的晤談之後，就在女兒家的餐桌上，開玩笑的說：「我的情緒勞動做得很棒！」接著大喊：「我恨她，我的女兒，我恨她！」

發生什麼事？

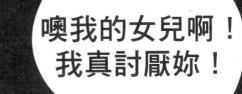

娜德菊的操控手法

➔ 女兒小時候就被她當作傾吐憂鬱的回收桶。正常的行為應該是不要一而再地 把小孩當成知心好友,若只是跟孩子說(一點點)自己的事,有時候是必要的,比如能幫助他們了解父母親為何看起來悲傷或是慌亂,但不可以什麼都說,孩子並不是生來當心事回收桶的。

➔ 她最後去做心理諮商,因為女兒已不再有空聽她傾吐(而且還叫她去做治療),更別說崔絲已經結婚離開娘家。這對母親是雙重侮辱:一來女兒再也沒有用了,二來她在自己失敗的地方成功(有伴侶)。於是她決心要讓女兒付出代價。

➔ 因為女兒去做了心理諮商,所以她也更願意去,出於競爭心態,而且自我覺察的功夫現在被正面看待,也很流行。

➔ 她以對話的方式揭露她的「內心祕密」(confidence),她談論自己,傳遞一個訊息,因為她知道在餐桌上、在丈夫與孩子面前,女兒無法回應。她「刻意出錯」。

➔ 她一點同理心(empathie aimante)都沒有,她談論自己,不管會給別人造成什麼影響。

➔ 對於說出與一般人認為母親該說的話相反的情緒,她一點都不覺得丟臉。

➔ 她所說的恨是真的,是競爭和嫉妒的產物。

對崔絲的影響

◎ 她被母親掌控,就像所有控制狂（manipulateur）的孩子一樣,對此她無能為力。

◎ 她是「親職化兒童」（enfant parentifiée）,因為她整個童年都作為母親的傾聽者,用聆聽撐住母親。

◎ 她開始走出來了:她避開娜德菊的嫉妒,給自己一個伴侶生活,有意識到自己過去在履行一個不應該由自己承擔的功能（作為母親的知心密友）,她試著卸下這個擔子。

◎ 她受到有史以來力道最大的暴力攻擊:在第三方面前,也就是丈夫與孩子面前,母親表達對自己的恨意,一副只是很普通的發言。這很清楚,就是嚴重的情緒暴力,這讓她覺得丟臉,就像所有暴力的受害者一樣。這份暴力與羞辱比之前更嚴重的原因,是在第三方面前進行,而且不是隨便的人。

◎ 在這情況下,她還得回應點什麼,但是羞恥感讓她想躲起來,而丈夫與自己之間也莫名尷尬起來,有礙他們的良好關係。至於孩子則可能會嚇到,竟然有母親會恨自己的小孩,這件事將會一直沉甸甸地壓在小孩的心上。而自己的媽媽被她的媽媽怨恨也不是沒有影響的,可能會造成創傷,必須陪伴孩子來減少可能造成的傷害。

操控手法放大鏡

刻意出錯（LA MALADRESSE VOLONTAIRE）： 故意做事或說話不靈光來惹惱被操控者或者使其受傷害，卻假裝不是故意的。這個操控手法可以是言語上，說了很過分、欺負人的話，也可以是行為上，毀掉被操控者擁有的事物。這手法能夠正面攻擊，同時拒絕為此負起責任，還能指責被操控者太過強硬或太過敏感，對於物品或是細節太過在意等等。

她能做什麼來保護自己？

* 意識到這個控制行為。讓她無法清晰思考的原因是母親話中所含的暴力配上平淡的說話態度，好像就只是一段普通的對話。
* 讓母親別說了，告訴她心理治療的事不該在家庭餐桌上說，這裡不適合。
* 母親說完那句話，馬上提議要上甜點或咖啡，好像什麼事都沒發生一樣。
* 之後不要跟媽媽談到這段插曲，否則可能會聽到糟心事，或者娜德菊可能會否認說自己從來沒講過這樣的話。
* 把這件事寫下來，釐清思緒，不要忘記。

幾點幫助律絲的思考：

* 身為母親的密友是否在妳的人生中留下什麼影響？而妳對其他人的態度整體而言有受影響嗎？妳是不是有時候會犧牲自己，聆聽他人的傾訴？妳是不是太習慣於照顧別人，常常超過正常或是自己的界限？

* 妳允許自己全然快樂嗎？還是依然害怕如果自己在母親失敗的地方成功了，會引起母親某種程度上的嫉妒？若是會害怕，妳覺得會怎麼發生？是哪方面的事？

* 妳會害怕其他女性的嫉妒，或者整體而言，妳害怕所有女性的嫉妒嗎？如果會，這份恐懼會阻礙妳成功或快樂，為了不要引起嫉妒嗎？這對妳的生命還有什麼別的影響？

* 現在這個情境與上述問題的答案之間是否有什麼關聯？當下狀況是否與妳留意到的某些因素相呼應？

操控手法：刻意出錯（第242頁）

妳只能撿我不要的

卡覓十五歲，住在父母家。母親瑟琳有很多朋友，她很自豪朋友都欣賞她、讚美她，甚至奉承她。她有時候會說，就算別人模仿她，也永遠無法跟她比。當卡覓的朋友來家裡時，都一定要通過瑟琳那一關，她會發揮魅力吸引他們、留住他們、讓他們跟自己說話，好像這些人是她的朋友、其實他們是來找自己的。等到卡覓交了男朋友的時候，瑟琳會在她和她男朋友面前撒嬌。有一天，她跟女兒說：「啊，對了！妳不在的時候，泰奧（卡覓的情人）突然來家裡。他待了很久，我們聊很多，他很有魅力……我覺得他說來找妳只不過是一個藉口罷了！」

發生什麼事？

瑟琳的操控手法

→ 她有種需要讚美的病態需求，她會想辦法成為焦點，把女兒的人際關係化為己有。正常的行為應該是低調地讓自己討喜，因為這些人並不是她的朋友。

→ 她嫉妒自己的女兒，把自己放在與女兒一起競爭的位置，有毒又不應該，而這情形在卡覓談戀愛的年紀變得更嚴重。此外，她幫女兒取的名字有點中性，不太像女生的名字。只有她自己才可以有女人味！

→ 她享受讓卡覓等待的感覺，到家裡找卡覓的朋友都必須先讓瑟琳「享用」過，等她願意「放開爪子」以後，才輪得到卡覓。她甚至說出泰奧來是為了自己，來找卡覓只不過是個藉口。

→ 她透過這種方式確認自己擁有掌控權，握有所有人進出家門的鑰匙。

→ 她假裝能夠在任何時候決定女兒的朋友，甚至是她的男朋友，是不是為了自己而來。等瑟琳不想要了，才讓這些人留下來跟女兒見面。

→ 如此一來，她確立自己的優越感，並且犧牲女兒來換取自己競爭勝利的姿態。

對卡覓的影響

- ◎ 因為住在父母家，她所有的活動都會被知道（除非媽媽不在家），導致一定經過瑟琳那一關。她沒有辦法。
- ◎ 她忍受著母親入侵她的人際關係。
- ◎ 她與朋友相處的時間被偷走，還受到男友要被搶走的威脅，好像她有情敵似的。
- ◎ 她可能再也不邀朋友來家裡了，這會影響她的人際關係，讓她變得孤立。
- ◎ 她母親採取的敵對姿態讓卡覓很難像一般人那樣，一定可以從母親那邊獲得信心、建議、慈愛。
- ◎ 因為這種事不斷發生，讓卡覓對母親的詭計看得不是很明白。

病態行為放大鏡

親子競賽（LA RIVALITÉ PARENT-ENFANT）：父母對自己的孩子採取敵對且毀滅式的姿態，尤其當父母的力量與外表逐漸走下坡，嫉妒起子女成長的力與美，以及孩子的成就與勝利。這種姿態否認了世代之間的不同，極有毒害。摧毀孩子或者阻礙他們成長的方法有很多種：貶低、純粹且直接的阻止、入侵等等，總之，就是所有可能在孩子成長路上設下陷阱圈套的手法。不同的親子關係組合都可以觀察到這種競爭姿態：母女、父子，以及母子、父女。

她可能會得出什麼結論？

* 我什麼都無法留給自己，一切都必須分享，不然有可能被剝奪愛（儘管是很糟糕的母愛）。
* 必須把焦點中心留給別人，才能換取愛（只要她沒檢討這個想法有沒有問題，就很可能導致成年以後的生活也被其他病態型自戀者操控）。
* 我比媽媽差，在人際相處上不如媽媽那麼惹人愛，比較不有趣，甚至一點都不有趣。

應該跟她說什麼？

* 女人彼此有敵意，永遠敵對，我必須提防女人（這便關上了她與其他女子交心、信任、成為知心姊妹的大門）。
* 朋友、甚至男朋友，都用情不專，我不能真的信任他們，因為他們都會被剝奪注意力（她沒有發現是母親困住了他們，他們也沒發現，或許他們也不是那麼喜歡一定要跟這位「母后」交談）。
* 妳媽媽沒有好好當個媽媽：一個正常的媽媽會尊重妳的界限、傾聽、關心、支持妳。
* 正常的媽媽不會是個敵手。
* 妳值得被愛與注意。
* 妳有權留下對妳重要的人。
* 妳有權維持界限、有權讓人尊重妳的界限、有權說不。
* 當一段關係侵擾了妳或是有敵意的，或是當別人犧牲妳獲得好處，妳有權結束它。在這樣的關係之中毫無任何益處。

＊ 並非所有女人都有惡意、有敵意的（能有這樣的經歷對卡覓很重要，或者她必須意識到自己曾經有過這樣的經驗）。

她能做什麼來保護自己？

＊ 到了談戀愛的年紀，自主性會成長。對於被操控的忍受度會改變。

＊ 意識到這個操控。卡覓需要相信母親是和善的，導致她看不通透。接受這並非事實會讓她傷心，進入一場痛苦的告別式，這是病態型父母的小孩長期以來一直試圖避免的。

＊ 不要把交往對象介紹給媽媽，除非是認真的……那問題更大！

＊ 不要跟媽媽談論自己的戀愛生活（這不關她的事）。

＊ 找另一個跟媽媽年紀差不多的婦人，在自己有需要的時候可以聆聽並且給予建議。

＊ 預先提醒男友說自己的媽媽行事有點特別（不需要講得很詳細，如果卡覓不是很想提的話），請他與媽媽保持一個禮貌的距離。

＊ 仔細觀察男友的行為，如果男友跟母親之間有種將自己排除在外的感覺，那麼就全速逃離這個男人身邊吧。

＊ 把這件事寫下來，釐清思緒，不要忘記。

操控手法： 親子競賽（第247頁），侵擾（第301頁），違背倫理（第260頁），剝奪喜悅（第85頁）

妳生得出來我再説恭喜

　　芭蓓特很早就離開親子功能失調的家，家裡有個沒什麼存在感的父親，他經常陷入低潮，還有一個自我中心的母親，經常挑剔批評芭蓓特。母親原本還想要第二個孩子，但就如同她經常對芭蓓特說的：「因為妳那無能的爸爸，所以妳成了獨生女。」長大成人以後，芭蓓特認識了雨果，他們很快要迎來第一個小孩。不幸的是，就在即將出生前，嬰兒過世了。過沒多久，芭蓓特又懷孕了。一切都好，這次她生下一個健康的小女嬰。不久後，她第三次懷孕，母親撇了一句話：「嗯，等妳成功生下孩子，我再恭喜妳！」

發生什麼事？

母親的操控手法

→ 她使人懷疑孩子能否活著出生，其實她暗自希望孩子死掉。正常的行為應該是替女兒高興、恭喜她才對！如果她真的擔心，就不要說出來……

→ 她嫉妒女兒，比自己能生、懷孕更多次，即將贏過她，因為她自己只生了一個小孩，就是芭蓓特。出於這個原因，她說不出恭喜的話。

→ 她採取敵對的姿態，而非母親的角色應該表現出的保護與支持。

→ 她在女兒宣布懷孕的喜悅時刻提到死嬰的回憶，企圖破壞，是一種剝奪喜悅（見第85頁）的行為。

→ 她辯解說自己無法用戲劇性和毫不動搖的姿態歡欣鼓舞。如果女兒對她的反應說了什麼，她就可以趁機辯解說自己只不過是陳述令自己感到痛苦、關於第一個嬰兒過世的實情。

→ 她喚起她稱之為失敗的回憶，在她病態自以為無所不能的幻想之中，好像即將出生的嬰兒的生或死是意志力決定的結果。

→ 她的話中透露出第一個孩子的死亡讓她竊喜：自己成功做到讓第一個孩子活下來，但女兒卻失敗了。

→ 她引起女兒的罪惡感，並且把嬰兒過世的責任怪到她身上。

→ 她把自己希望嬰兒死掉的想法投射在女兒身上：她裝作是女兒偷偷希望頭胎小孩死掉，但其實是她自己希望芭蓓特的第三個孩子死去。她就這樣把女兒當成自己的心靈垃圾桶（見第60頁），把自己惡魔般的想法套在女兒身上。這讓她能夠假裝討人厭的壞女人不是她自己，而是她女兒。

對芭蓓特的影響

◎ 每次懷孕一定都會讓她想到死去的第一個孩子，所以母親的話會更加深她的憂慮，但她真正需要的應該是放下焦慮。

◎ 雖然她希望母親能在身邊支持她，使自己平靜和安心，實際上卻求而不得，她必須自己想辦法。

◎ 除了缺乏支持，她還得處理母親希望孩子死掉這件事，隔絕這種想法。

◎ 她得從零開始（ex nihilo）學習母親的角色，因為她無法以自己的母親作為參照（如果可以就好了！）。

◎ 似乎她只能二選一：否定她對於生命的熱愛，也不要再生小孩了，才能保留母親虛假的愛（le pseudo-amour）；或是拒絕母親的愛，才能自己生活、孕育生命。她無法同時擁有豐富的生育力又擁有母親的愛。

◎ 母親暗示她的頭胎嬰兒過世與她有關，讓她內疚，她得放下這份罪惡感。在初階心理學（psychologie de bas étage）的整體文化氛圍（ambiance culturelle générale）裡，所有發生在孩子身上的問題都是母親的錯，這場戰鬥是苦澀的。

◎ 她做了各種努力想讓孩子能活著出生，但她失敗了，所以她內疚、焦慮、困惑，她跟自己說，這對她現在懷著的小孩不好。她掉入一種惡性循環，母親的話更助長這個惡性循環。

她能做什麼來保護自己？

* 意識到控制對方的操控。母親希望孩子死掉的可怕願望以及母親對於第一個小孩死去的無聲指責造成的罪惡感，是讓她看不清的原因。

* 簡單回答「對」就好，或是不要回答，就此讓媽媽的惡意言論沒入在空氣中。

* 不要試圖讓媽媽把話說清楚，也不要試圖為自己辯護（這會讓母親加大攻擊力道，更為病態）。

* 不要生氣或是表現出任何情緒。母親會很愉快地看著她所引發的各種情緒。

* 在小孩出生之前，盡可能地跟母親保持距離：少見面，少說與懷孕有關的事。

* 把這件事寫下來，釐清思緒，不要忘記。

應該跟她說什麼*？

* 生養眾多是被允許、期許、祝福的。母親所感受到的威脅只不過是她內心的問題，妳毋須為此負起責任。

* 生、死、生育能力，與妳的意志力都只有部分關係（例如：決定做愛生小孩是意志力的產物，但我們都知道，決定並不必然帶來結果）。這三個問題部

---

* 即將當媽媽的人（或者即將成為年輕媽媽的她）與小孩一樣脆弱，需要安心保證（réassurance），需要「奶奶的功能」（fonction de grand-mère），也就是來自年長且有經驗的女性的建議、支持、保護。「奶奶的功能」就是疼愛照顧年輕媽媽的女性所發揮的母性力量，幫助她當個母親。

分也與妳的無意識（ton inconscient）有關，就定義上來說也就是不可控制的，但現場的所有人的動力（dynamique）越大，包括即將出生的嬰兒以及父親的動力，下一代脫離人性的神祕無意識（l'inconscient）就越強。

* 一個正常的母親是支持孩子的，對女兒生活發展表現的與自己相當或超越自己會感到開心才對。

* 妳可以在其他長輩之中尋找這種母性力量，會像母親一樣疼愛妳，可以倚靠的力量，讓妳能好好過日子，並且學習當一個母親。奶奶的功能（照顧母親的母親）對於在懷孕期間建立安全感和信任非常重要。

幾點幫助芭蓓特的思考：

* 在過去，妳是否也曾有某些時刻與母親處於競爭關係？是哪些情形？

* 對母親這些競爭式的攻擊，妳怎麼反應？盡量收斂、不表現，讓媽媽開心？妳若表現就會覺得有罪惡感或者覺得羞愧嗎？

* 妳是不是只敢偷偷地發展自我？或者完全相反，妳以叛逆的方式建立自我？或者兩者都有，不同的時候有不同的態度？妳可以舉出例子嗎？

* 妳有沒有找到其他年長的女性可以在懷孕期間給妳信心和支持？如果沒有，可以到哪裡找？

* 現在這個情境與上述問題的答案之間是否有什麼關聯？當下狀況是否與妳留意到的某些因素相呼應？

* 妳需要運用什麼資源才能完全允許自己毫無罪惡感的生養孩子，並且充滿活力？

操控手法：預言（第233頁），親子競賽（第247頁），剝奪喜悅（第85頁），心靈垃圾桶（第60頁）

勾引女婿的丈母娘

　　左愛與艾梅瑞克高中就認識而且彼此相愛。最近艾梅瑞克找到了第一份工作，兩人剛開始同居。左愛的媽媽克拉芮絲一直把她當作朋友，在一種有違倫常的親密氣氛中跟她說自己的私密情事，甚至性事。克拉芮絲的情人來來去去，最終的真正「另一半」根本是左愛。左愛與艾梅瑞克一起住的時候，克拉芮絲剛與情人分手，很難接受女兒也要離她而去。她滿臉淚痕，控訴女兒很自私，在困苦的時期拋棄了自己。她說：「我們之前不是很好嗎，我們之間，不需要妳安插第三者……」但左愛堅持，克拉芮絲最後好像妥協了。一段時間後，她到小情侶家作客，待了兩天，因為她住的遠。第一天晚上，她在廁所發現一本情色漫畫。她拿著漫畫，一臉天真地（在左愛面前）跟艾梅瑞克說：「我看不懂這本漫畫的故事，你可以解釋給我聽嗎？」

發生什麼事？

克拉芮絲的操控手法

➜ 因為與情人分手了，她想要左愛留在自己身邊，繼續擔任過往的角色，也就是親密朋友兼伴侶，而這當然不是左愛應該做的。克拉芮絲與左愛之間顯而易見的不正常親密關係，否定了母女世代之間的差異，以及母親對女兒所傾吐的私密性事，違背倫理（見260頁）。正常的行為應該是讓女兒當女兒，包括放手讓她離巢，因為離開家裡是所有孩子該做的事。

➜ 她對左愛有伴侶感到嫉妒，她自己剛結束一段關係。

➜ 她把自己擺在與女兒競爭的位置，為此她試圖在自己與女婿之間建立一種情色的默契，使用性吸引力的手段。正常的行為應該是絕對要避免與女婿產生這類型的交流。

➜ 她試圖色誘女婿，她應該覺得自己令人難以抗拒。

➜ 就算艾梅瑞克對她的主動沒有回應，她可能也希望能夠造成小倆口之間的緊張或是爭執。爭執可能由以下兩種情形展開：第一種是艾梅瑞克可能向左愛指出她母親的行為踰矩了，而左愛出於對母親的忠誠以及拒絕相信而幫母親辯護；第二種是左愛可能會指控艾梅瑞克與克拉芮絲一起玩什麼把戲，然後出於嫉妒跟他大吵一番。這兩種情形，克拉芮絲都能成功在小倆口的親密關係中占有一席之地，甚至處於中心位置。

對左愛的影響

◎ 雖然離家合情合理，她卻對此感到內疚。

◎ 她可能會否認克拉芮絲試圖色誘艾梅瑞克，因為很難接受自己的母親這樣的行為。要接受我們想要視為永遠和藹的母親行為有敵意且有病，並不容易。她很可能替母親編造各種藉口，或是假裝什麼都沒發生，一切正常。

◎ 她活在違背倫理的氛圍之中，父母親與孩子（或伴侶，或孩子的朋友）之間的互動有情色流竄。這樣持續了很久，久到讓她難以發現這並不正常。

◎ 她孤軍奮戰：若是艾梅瑞克服從克拉芮絲，跟她講解漫畫（現實中的他並沒有這麼做），左愛就會成為這段情色交流的見證者。但無論如何，她都已經見證了這個違背倫理的請求。

◎ 她怎麼做都不對：她可以揭發，然後被玩弄「反轉」操控手法的母親控訴，裝成自己是個被侮辱而受傷的天真女子，看什麼都不對，只想到這個，有偏執／被害妄想；或是就什麼都不說，逆來順受，祈禱丈夫不要回答。然後繼續當個好人。

對艾梅瑞克的影響

◎ 面對不恰當的請求，讓他狼狽窘迫。

◎ 他很傷腦筋：要嘛為了禮貌而回應克拉芮絲的請求，那就掉入情色交流的陷阱；要嘛不回答，很可能會讓克拉芮絲不高興，或是被追著跑，直到他「講解」為止。

◎ 事情的發展讓他尷尬。

◎ 這一招攻擊來得突然，讓他措手不及。

病態氛圍放大鏡

違背倫理（L'INCESTUEL）：親子之間沒有真的發生性行為，並非亂倫（incestueux）的關係，而是一種情色的氛圍，沾染上性事的態度、對話和姿勢的問題，存在於父母親與孩子之間、父母親與孩子的另一半之間、孩子與父母的另一半之間。猶如親子競賽，這種氣氛否定了親子世代之間的差異，而且毒害力量很大。再說，因為是一種氣氛而沒有實際肉眼可見的動作，在這種氣氛下長大的孩子需要一段時間才會了解這並不正常，不可接受。最後，創造出這種氛圍的父母親大可否認所發生的事並沒有任何不洽當，因為沒有言語、態度、姿勢本身足以構成不容否認的證據。

左愛應該做什麼來保護自己？

* 意識到這個操控。因為她一直以來都是在這種有違倫常的氛圍中長大，她傾向把發生的事情看作尋常之事，沒什麼特別的，這導致她看不穿操控手法。而且母親的惡行難以想像，說穿了，就是母親竟然試圖要與女婿進行色情交流（échange sexualisé）。

* 在艾梅瑞克做出任何回應之前，速速丟掉那本漫畫，邊刻意眨眼和／或親他一下，邊說：「噢！它應該乖乖待在我們寢室才對，怎麼出現在這裡？」這樣一來，就把性事（la sexualité）重新擺放到它該在的位置，也就是小倆口的寢室，並擺正母親的位置。

* 她自己跟母親講解漫畫家的生平和他的藝術創作理念等等，如此便將對話提到文化交流層次。認同漫畫家很難懂（即便內容淺白易懂）、充滿詩意，隨便舉一個哲學或心理分析的思想來與他的創作相比較，最好是晦澀難懂又充滿行話的，用一種理所當然「大家都知道」的口氣說出來。

* 私底下，若艾梅瑞克說起這件事，承認母親有點瘋癲，可以談談自己有違倫常的童年，或者不談也沒關係，看她想不想（她想把這件事放到哪個位置？）以及她覺得自己了解不了解。若她覺得自己並不了解，就別堅持，因為周遭人的否定（le déni de l'entourage）是很令人痛苦的，也可能會在小兩口之間投下一到陰影。

* 如果艾梅瑞克用情色且曖昧的態度回應克拉芮絲的請求，問問自己她到底跟什麼樣的人在一起，尤其不要私下談論這件事，免得引發爭吵。

* 下次母親再來，事先收好她覺得有可能引起情色狀況的東西，包括自己的房

間（母親可能會闖入）。

＊ 把這件事寫下來，釐清思緒，不要忘記。

幾點幫助左愛的思考：

＊ 在過去的記憶中，妳是否曾與母親有過類似的情形？是哪些？第一次發生在何時？

＊ 妳有沒有覺得這樣的情形並不正常？如果有，妳是在何時開始了解母親不應該這麼做？而妳對這句話的感受是？如果沒有，是什麼讓妳覺得這些都是正常的？退一步來看，妳認為這些回答有所依據嗎？

＊ 要承認有某種事情不對勁，妳需要放下什麼？需要接受什麼？

＊ 現在這個情境與上述問題的答案之間是否有什麼關聯？當下狀況是否與妳留意到的某些因素相呼應？

＊ 要讓別人尊重自己的隱私界限，妳可以怎麼做？

艾梅瑞克能做什麼來保護自己？

＊ 意識到這個操控。因為請求來得突然，既邪惡又不恰當，讓艾梅瑞克一時措手不及，沒能看穿。不過，我們可以猜測這並非克拉芮絲第一次在艾梅瑞克面前表現出的怪異行為，畢竟她如此頻繁地來找左愛。

＊ 像是在開克拉芮絲的玩笑一樣，態度坦率地邊笑邊說：「噢，岳母大人

啊……」或是放下幽默的應對，只說：「我自己也沒讀懂。」甚或「我討厭這東西！」

* 像個天真幼稚的小孩般地微笑，眼睛無神地提議泡咖啡、喝杯酒、去散步……等等。

* 猛然起身，邊叫說「啊！」然後就直接離開，好像要去處理什麼緊急的事情一樣。

* 給一個完全風馬牛不相及的回答，像是「我很喜歡勒阿弗爾（Le Havre）港」，可以笑著說（這是種委婉地打發她去散步的方式），或是非常嚴肅地說（如此必然會讓克拉芮絲有一種違和感，同時也將她的請求畫下句點）。

* 別主動與左愛談這起件事。如果她想談，傾聽就好，別發表意見（免得引她多想忠誠度的問題）；要不然，這件事當下已經解決了。

操控手法：親子競賽（第247頁），侵擾（第301頁），違背倫理（第260頁）

職場中的操控

我們花在工作上的時間很多，通常比起私人生活還多。我們在職場投入了許多精力與能力，在職場上建立聯繫，在職場上尋求成就感，並且透過我們的薪水得到物質上的安全感。

職場的關係維度與私生活的關係維度並不相同：情感的關係連結較弱，但權力關係（rapports de pouvoir）無所不在，尤其是透過階級向度以及從屬關係。我們大概可以說這是一個展現病態型自戀的理想環境：還有什麼能比擁有可以濫用的真正力量更好的呢？

我們通常預料病態型自戀者會是經理或老闆的角色，但請別誤會，也有可能是身為下屬地位的人，透過操控相互操控而發展壯大自己的毒囊，在暗處奠定其影響力、利誘、結盟、阻礙發展、傷害同事或是上下關係。

最後，掌控也可以是「迂迴」（tournante）的，病態型自戀隨著當下的心情去選擇受操控的對象，可以是整個群組，或者團隊，都陷入一種恐怖的氛圍，每個人都害怕自己成為下一個受害者。在這樣的情況下，我們會看到一些特殊的行為：否認某一個同事受掌控（從「是喔？有發生什麼事嗎？」、「無風不起浪」到「發生這種事很正常，他自找的。」甚至「他喜歡」），這是在下位者的自保策略，盲目順從或是退到角落默默忍受。

病態操控手法在這些地方也深具摧毀人的潛力。

面子裡子都不給你

　　菲力普是個電腦工程師，他快六十歲了，見證了這個職業的各種演變，在各個領域的電腦工程相關工作都有涉獵，什麼都會做，是他所在的中小企業的支柱之一，公司剛成立時他就在那兒工作了。一旦遇到什麼毛病或是解決不了的問題，大家就找菲力普，因為他什麼都知道，什麼都能解決。他分析及處理科技情報的能力很強，使他頗有遠見，他注意到這個領域變化很快，公司必須能夠快速調整所提供的服務，這件事情至關重要。老闆贊同他的想法，把這任務交給他去辦。這是相當浩大的工程，需要專業能力（這他有）以及資金挹注。菲力普埋頭苦幹了三年，縮減休假，晚睡早起，還常犧牲週末。每次他與不同的供應商一個一個討價還價得到比較合理的價格以後，跟老闆要求資金，老闆總是拖拖拉拉、斤斤計較，有時候甚至拒絕支付。供應商受不了緊迫逼人卻又無效的講價，越來越不想合作，或乾脆直接拒絕往來。三年後，計畫進度不如預期，因為缺乏資源。有一天，出乎意料地，老闆把菲力普叫來，指責他一事無成，什麼都沒做好，言語中暗示他無能：「菲力普，我實在訝異，你這麼沒有效率。這一點，你真的非常令人失望。」菲力普說不出話來，覺得除了遞出辭呈之外再沒什麼好說的。

發生什麼事？

老闆的操控手法

→ 他接受下屬的建議，但卻不願意給予相應的資源執行。正常的作法應該是他接受了，所以就要投注與計畫相當的資源。

→ 他可能對金錢有心結，給錢會肉痛。

→ 我們能夠合理懷疑老闆嫉妒下屬的才華，故意這般做手腳，想要搞破壞，致使優秀的下屬失敗。一般人應該是為團隊裡有這麼優秀的人感到開心才對！

→ 他能夠輕易地指責、羞辱他的下屬，並且確立他「高高在上」（supérieure）的地位。

→ 他甩鍋卸責，將（相對）失敗的責任全歸咎於菲力普。

對菲力普的影響

◎ 雖然處於缺乏必需資金的情況下，他依然努力不懈地試圖完成計畫。

◎ 他疲憊不堪，對於推動計畫感到絕望，因為他清楚地意識到若不隨著市場變化做出轉型調整，公司將無法保證能夠長久維持下去。

◎ 他覺得自己對此負有責任，本著

自己對公司的信念與承諾，他不能也不想要放棄這個計畫。

◎ 他幾乎找不到動力，對公司的未來感到失望，也害怕自己對此無能為力。

操控手法放大鏡

搞破壞（LE SABOTAGE）：同意一個計畫，然後或多或少地暗中搞破壞，讓計畫難以實現。這項操作能夠有效卸責，並得以指責對方失敗，從而確立自己的優越地位。

他能做什麼來保護自己？

＊ 意識到這種操控。讓他看不穿的原因是老闆表面同意了這個計畫，讓菲力普以為老闆也願意挹注資源，他難以想像有人會一方面支持對公司如此重要的計畫，同時又阻礙計畫的發展！另一個思考的盲點則是他沒有意識到老闆嫉妒自己的能力……

＊ 使出多種方式施壓，讓老闆投入資金：

• 要求每個月跟他面談，面談時他可以字字鏗鏘地強調挹注資金是不可或缺的，並且解釋原因；

- 定期報告有哪些事情由於缺乏資金而無法完成，委婉地說明，避免直接指責老闆（可以說：「我們的現金流導致無法⋯⋯」、「公司優先發展其他政策⋯⋯」等等）；
- 透過有技巧地與其他高層級的同事分享轉型的重大變革並談及資金的缺乏（小心避開可能被拿來作文章對付自己的事），間接增強施壓力度。

＊ 請公司內的另外一個人負責這個轉型計畫，或者為此特聘一人，確保新的負責人在自己的管理或監督之下執行後離開這個崗位。

＊ 若轉型不如預期，就放下這個計畫，確定接任者後就離開公司。

＊ 把陸續發生的事情寫下來，釐清思緒，不要忘記，將來談起時能夠反駁不符事實的地方。

幾點幫助菲力普的思考：

＊ 你是否經常讓自己得為無法控制所有變數的狀況擔起全部的責任？

＊ 你能否接受計劃因為自己實際上無法掌控的因素導致無法順利進行？

＊ 你是否將個人的價值寄託於工作成就上？

＊ 過去是否有其他時候你也曾負起過多的責任，導致過度耗損而斷線？什麼時候？工作之前也有嗎？更早的童年時期呢？

＊ 你是否經常會感到痛苦，因為自己能夠預見未來，其他人卻看不到？

＊ 你是不是完美主義者？你在何時、在何處學到得要求自己表現完美？如果自己的工作成果不夠完美，會怎麼樣嗎？

＊ 現在這個情境與上述問題的答案之間是否有什麼關聯？當下狀況是否與你留意到的某些因素相呼應？

＊ 要怎麼做，你才能夠只擔起自己的責任就好？你能怎麼做，讓自己預見未來發展的能力得以充分且恰當地運用？

＊ 建議：去了解何謂「天賦異稟」（天分高、潛力高、效率高、或是怪人）。

操控手法：搞破壞（第269頁），製造罪惡感（第61頁），貶低

沒了我，妳什麼都不是

　　瑪娣德畢業於知名商學院金融系。有一天，她意識到這個世界並不適合自己，與自己的價值觀並不相符。於是她去上了訓練課程，希望能將管理學的方法轉作更加人性化的應用。課程結束後，她加入了一間訓練事務所，她的履歷之於她應聘的職位可說是大材小用，但是她想要在這家小公司工作，因為在這裡能學到關於新工作的相關知識。老闆很高興能用少少的錢聘到她，運用她個方面的能力。五年之後，瑪娣德想自立門戶，她表示說自己想離開事務所，用自己的名字開另一間公司。「可惜，」老闆對她說：「妳父母害妳壞掉了，妳是不會成功的。」

發生什麼事？

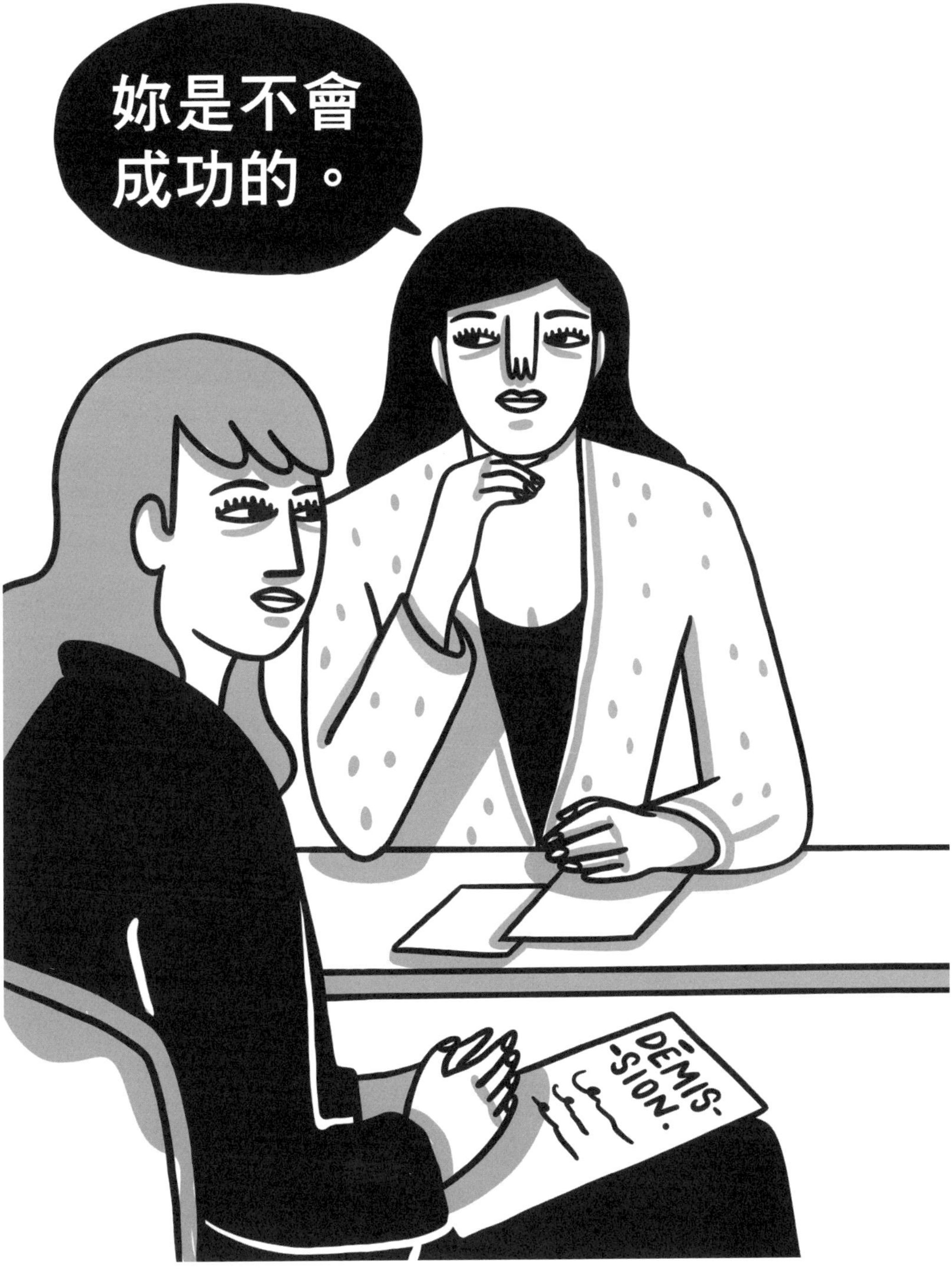
妳是不會
成功的。
DÉMIS-
-SION.

老闆的操控手法

→ 老闆雇用瑪娣德，利用她的各種才幹，卻無恥地不付給她相應的薪水。

→ 老闆應該以為自己牢牢抓住了瑪娣德，沒想到她竟然提出離職。

→ 老闆運用毫無根據的模稜心理學說辭，試圖傷害瑪娣德的自我形塑（construction personnelle），將獨立門戶說成是失敗、壞掉了、一再衝動的結果。

→ 老闆用錯誤的解讀攻擊瑪娣德，一副自己比瑪娣德更了解她的樣子。

→ 老闆沒說出口的是，瑪娣德如果想要成功，就得繼續待在原本公司的位子上，她不可能自己闖出名堂。老闆丟出預言，想讓她嚇得不敢離開。

→ 老闆不認為下屬的願望合情合理，因為這違背了自己的利益。

對瑪娣德的影響

◎ 她一開始可能以為自己在這個新的工作領域沒什麼價值，於是讓自己被剝削（她決定離開表示她意識到自己的價值了）。

◎ 她應該跟老闆說了不少自己的私事，所以老闆才能對她進行這種人身攻擊（ad personam）。

◎ 面對老闆的解讀，她可能會開始檢討自己，決心或是對未來的信心因此動搖。

她能做什麼來保護自己？

* 意識到這個操控手段。造成她看不穿的原因，是她的善意與合作能力，以及願意反省的特質。

* 用含糊其辭的語氣回答「可能……」或是「是個有趣的觀點」之類的話，如此一來就將老闆的解讀定調為其個人意見。

* 她也可以什麼都不回答，只用遺憾的眼神看著老闆（對於老闆竟然說得出如此荒謬可笑的話感到遺憾）。

* 確保自己並未重蹈覆轍，再次依照有毒的劇本走。若是心中不安過太強烈，有需要的話，請諮詢專業人士。
* 找親朋好友商量，問他們是否認為自己離開事務所是個錯誤？
* 若她正在接受專業的心理諮商，尋問諮商師關於老闆的詮釋有什麼看法。
* 不要理會老闆說的話，要因為這句話而更加肯定自己離開是正確的決定。
* 請記住，沒有人，包括心理專業人士，都不會知道任何決定對他人好不好，或是自己處在那人的位置會如何；自我的認識是在與他人的對話之中逐漸建立的。
* 把事情寫下來，釐清思緒，不要忘記。

幾點幫助瑪娣德的思考

* 妳會不會經常懷疑自己的能力？如果會，為什麼？
* 妳是否一向奉獻自己，毫不計較？若是如此，在何時、何處養成了這個習慣？為什麼？
* 妳是不是只要對職務感興趣，就容易輕忽薪水？如果是，為什麼？
* 妳會不會在協商薪資的時候覺得底氣不足？如果會，為什麼？
* 妳有沒有拒絕認識自己真正的價值？如果有，為什麼？
* 妳是否將「認識自己真正的價值」誤當成「驕傲」了？若覺得混淆，想一想這兩者的區別是什麼？
* 妳是否曾擔心會遮擋了別人的光芒？如果有，對象是誰？在什麼時候？
* 現在這個情境與上述問題的答案之間是否有什麼關聯？當下狀況是否與妳所留意到的某些因素相呼應？
* 妳要怎麼做，才能辨識出哪些時候不必自我檢討？該怎麼做或怎麼想，才能意識到並且肯定自己的價值？

操控手法：知彼莫若我（第31頁），預言（第233頁）

急急如律令請瞎子摸象

　　拉斐爾在一間急速成長的大數據公司的銷售團隊工作，幾個月前剛升上經理。這次升職其實源於一場操作巧妙的誤會，他很懂得如何讓人誤以為自己很有能力，但其實他什麼都做不好。除此之外，他會跟部門主管打網球，透過打球之間的交流，爭取到大客戶。事實上，這應歸功於他的一位同事，可惜這位同事並不打網球，無法澄清真相。拉斐爾得一直隱藏自己是個冒牌貨這件事。他看起來經常很不高興、專橫霸道、貶低別人。這一次，臨時要去見一個潛在客戶。他給銷售員下屬艾黛兒的指示模糊不清、資訊十分稀少。由於這筆生意很重要，他又指派了另一位知名銷售員伊妮絲擔任她的搭檔。他給伊妮絲不同的指示，一樣模糊不清，一樣不夠完整。經驗豐富的伊妮絲嚷著自己沒有得到足夠的資訊，拉斐爾對此感到惱火，臉色更為陰沉，辯說案子緊急，沒時間深入細節，而她夠聰明，有這些訊息就能懂了。與客戶開會時，艾黛兒與伊妮絲感到混亂，說的話彼此矛盾，當然沒辦法說服客戶並完成交易。回到公司後，拉斐爾好整以暇地當著整個團隊的面指出她們的無能：「妳們有兩個人！都兩個人了還做不好！」

發生什麼事？

拉斐爾的操控手法

→ 他藉由耍心機和謊言的操作得到晉升，然而他實際上超級無能，所以永遠覺得自己受到質疑。

→ 他對下屬的多項請求與問題不知該如何反應，於是充耳不聞，繼續用敵對的態度威脅他們。

→ 他下達模糊的指示，大概是因為他不了解案子，無法給出確切的指令（透過不明確來掩蓋自己的無能，如此一來，其他人就會被當作無能的人），而且還能導致屬下的失敗。他做不到的，其他人也別想成功。

→ 他讓兩名下屬一起負責同一個案子，這種做法能同時貶低兩個人，或是製造不合（semer la zizanie），導致兩人起衝突。正常的作法應該是單單指派這項任務給一名下屬，或者若他真的認為需要兩人搭檔負責，就在兩人面前一起說明這個案子，讓兩人聽到相同的資訊。

→ 團隊不合，能降低他的詭計被揭穿以及團隊成員聯合反對他的風險。除此之外，他很享受看到自己能夠製造衝突的「強大力量」。

→ 他享受看到下屬的失敗以及她們公開受羞辱，在這之上建立起自己握有力量以及比她們更有能力的感覺。

操控手法放大鏡

指示模糊（L'ORDRE FLOU）： 在表達要求時，下達的命令或是發出的指示很不明確，甚至晦澀難懂。這種操作的目的在於能夠指控命令接收者愚蠢，於是能繼續表示不滿，得到比自己明確說出要求更多的好處，不需確切知道自己要什麼，那就得負起責任，而能說都是對方的錯，如果事情不順利的話。這也能造成極大的壓力，得以掌控別人。這種操作手法在得失心很重的情況下更加有效。

對艾黛兒與伊妮絲的影響

- ◎ 她們得處理沒有明確指示的專案，要做好非常困難，可說是不可能的任務。
- ◎ 她們覺得被不友善的氛圍所壓迫，案子的重要與緊急（這可是個大客戶），造成壓力和混亂。
- ◎ 伊妮絲提出問題，但得到的回答卻讓情況更加不明朗，這正是「烏賊戰術」的手法（越要求澄清，卻越攪越黑）。再者，專案的急迫性與挑戰性讓她混亂不安、壓力爆棚，加上那句「如果妳夠聰明，妳就會懂……」意味著如果她不懂，就代表她很笨，或是能力不足。
- ◎ 她們以為兩人掌握了相同的資訊，所以在開會之前無法察覺彼此的資訊互相矛盾。
- ◎ 她們束手無策，身為下屬不允許她們拒絕任務。

操控手法放大鏡

烏賊戰術（LE NUAGE D'ENCRE）：操控者在面對不想給出的資訊或是自己沒有答案的問題時，就製造混亂。可運用的技巧有好幾種：推論謬誤（錯誤的邏輯辯證）、賣弄專有名詞或用詞浮誇讓人聽不懂、引用對方欠缺的「大家都知道」的參照資訊（有需要的話，操控者會捏造出來）、虛實交錯的謊言、廢話連篇、惱怒煩躁、面對愚蠢的問題或請求時暗暗（或明顯）地表示驚訝異或輕蔑。如此一來就能掩蓋自己的無能，彷彿對方才是白癡，可說是附帶的樂事。這操作最後還有個好處，就是能阻止其他問題被提出來。

她們能做什麼來保護自己？

* 意識到這個操控。她們看不穿主管的操控，正是因為兩人之間缺乏溝通，案子又緊急，以及話術貶低，導致她們也懷疑起自己的能力，而沒能意識到管理方式的差勁。

* 繼續提出問題，直到她們都懂了。面對那些試圖讓她們不敢提問、或明或暗的貶低嘲諷，正面迎擊，不要退縮。

* 問問同事是否有時候（或經常）也會收到不甚清楚的指示，使她們對自己的能力有信心。

＊如果有可能，留意那些晦澀難懂的案子類型，這是她們的經理不熟悉這些主題的跡象。

＊自組團隊，聯合各自的知識與能力處理本案。

＊團隊討論的時候，交叉比對她們的資訊。

＊把事情寫下來，釐清思緒，不要忘記。

幾點幫助艾黛兒與伊妮絲的思考：

＊在擔任此職務之前，或是在拉斐爾成為自己的主管之前，妳們對自己的專業能力有信心嗎？妳進步了嗎？還是退步了？為什麼？發生了什麼事？

＊是什麼阻止了妳們繼續對指示提出問題？是受到拉斐爾經理態度的影響？哪種態度？為什麼？妳們在害怕什麼？

＊妳們是不是在心中踩了剎車，不繼續堅持問清楚？如果是這樣，以前也有過相同的經驗嗎？是在工作中？還是在求學時？在學校？還是在家裡？當時發生了什麼事？有什麼事會經常性地發生？

＊妳們對自己的專業能力有多少自信？這份自信是怎麼建立起來的？在這個職務以外，妳們有沒有面臨過其他的詆毀或貶低？若有，是在何處、何時、被誰貶低？

＊妳們遇過哪些挑戰並且成功跨越了？寫一份清單，常常拿出來看。

＊現在這個情境與上述問題的答案之間是否有什麼關聯？當下狀況是否與妳們所留意到的某些因素相呼應？

＊妳們要怎麼做，彼此才能有更多的溝通？妳們要怎麼做，彼此才能有更多的合作？妳們可以怎麼做，既為自己也為團隊，對自己的專業能力充滿信心？

操控手法：恐怖的氛圍（第165頁），冒名頂替（第308頁），烏賊戰術（第282頁），指示模糊（第281頁），緊急壓力

權勢霸凌

　　費德利克是個護士，三年前畢業。他剛到調到腸胃科，擔任新的職位，試著在那邊站穩腳步。由於那邊的氣氛緊張，尤其是當人稱「女魔頭」的部門主管夏洛特在場的時候，有種每個人都必須直奔任務的嚴肅感，連一秒鐘的不正經都不可以。與他之前待的單位很不一樣，這裡連在走廊上也不得開玩笑、不能微笑，只能低調再低調，像是祕密般偷笑。每天下午一點舉行的幹部會議，作用在於說明病患訊息、發布指示、共同思考必須遵守的良好行為，會議的氣氛嚴肅、專注……還有恐懼，因為每個人都要說出點什麼，是有意義且值得記錄下來的，如果沒這麼做，就會被以極為羞辱人的方式踢到一邊去。每一次的會議都是夏洛特主持，她會讓每個人輪流說話，只除了費德利克。如果他說話，夏洛特就不講話。等他說完，夏洛特就回到他開口之前的話題，繼續進行會議。

發生什麼事？

夏洛特的操控手法

→ 她讓自己的部門保持一種專斷獨裁的恐怖氣氛。凡是不符合她期望行事的人就會遭到公開羞辱。

→ 在幹部會議中，她否定費德利克的存在，不給予他說話的機會（但給了其他每一個人），他若開口就表現地像是什麼都沒發生一樣。正常的作法是聆聽團隊中的每一個人說話，即使意見不同。

→ 她的介入與她的沉默透露出對於對話者的強烈蔑視；她用非口語的方式對費德利克說話這件事表示意見，彷彿他說話很令人討厭（她的做法就像是自己話講到一半，被某種噪音打擾，所以暫停了一下）。

→ 她在團隊面前否定費德利克的存在，對他打擊更大，更難以忍受。

→ 她讓團隊成員面臨一種選擇的兩難：若回應費德利克說的話，就是跟她敵對，可能因此被遷怒或者被以相同的方式對待；若是當成什麼都沒發生一樣，就成了她的共犯，與她一起否定同事費德利克的存在。團隊成員被「沒跟我站在同一邊的人就是反對我的人」的思維邏輯綁架。

→ 夏洛特在團隊中建立一股動力（dynamique），孤立費德利克。團隊裡的其他下屬為了合理化自己沒有支持遭受粗暴對待同事的行為（嘆，這很常見），會編造各種不同的理由，諸如：「我沒有注意到」、「我沒辦法做什麼」、「每個人都有自己的問題要解決」、「一定是他自找的」，甚至「活該，無風不起浪嘛」。

對費德利克的影響

◎ 否認存在是一種難以置信的暴力。這種暴力沒有聲音，不易辨識，但若持續下去，可能造成憂鬱，或甚至更嚴重的情況。

◎ 費德利克被認定為一個無足輕重的人，不只是在專業能力上，更包含他這個人本身。

◎ 如果他去跟女主管說，她大可否認並且指責他有被害妄想（paranoïa）（這在與操控者當面對質的情況下很常發生）。

◎ 他試圖了解什麼原因導致自己遭受這種羞辱，並且在工作上加倍努力，試圖擺脫這狀況，精疲力盡的努力卻無疑是徒勞無功的：如果操控者享受粗暴對待他的感覺，只會為操控者帶來更多好處——因為他加倍努力工作——操控者不會出於理性的原因或是「正常」的原因收手的。

操控手法放大鏡

否定對方（LE DÉNI DE L'AUTRE）：用各種可能的方式讓旁人看懂自己眼中並沒有對方或是刻意忽略他。對於被操控者來說，要注意到並且反抗並不容易，因為這並不是一種主動的攻擊，相反的，是沒有動作。這個操控手法貶低了對方作為一個人的存在價值，把他當成物品一般地羞辱他。

對其他下屬的影響

◎ 他們都是粗暴對待同事的共犯，這會讓他們良心不安，甚至產生內在衝突與罪惡感，並且因缺乏勇氣而感到羞愧，於是責怪自己。而如果他們要做些什麼，大概也不知道該做什麼、該怎麼做才好。

◎ 他們不是很明白費德利克身上發生了什麼（對他們來說，病態型自戀難以想像，他們也難以理解這件事竟然會存在），也因此被迫盡可能東拼西湊試圖理解他們觀察到的狀況，可能會簡化成站不住腳的推論，通常是各種亂七八糟的臆測。

◎ 可以肯定的是他們腦中各種猜想多過理性思考。

◎ 他們隱約受到一股威脅，同樣的事也可能發生在他們身上，若是不明白有什麼不對勁，也就無法妥當應對了。這通常會造成兩種主要的行為模式：一是變得對每個人都小心翼翼、保持距離，尤其是對被粗暴對待的那位同事；二是變得對上司唯唯諾諾、阿諛奉承，操控者尤其欣賞在下位者這種巴結的態度。這兩種都嚴重不利於團隊的運作發展。

費德利克能做什麼來保護自己？

＊ 了解夏洛特在玩什麼把戲，拉開距離平心看待。讓他卡住的原因是他根本就沒有做錯什麼，他所觀察到的現象就只是一個毫無緣由的惡意造成的結果。

＊ 停止在會議上發言，改為在會議前或會議後，去找同事說他要說的話。

＊ 不要覺得這些行為是懦弱的表現，而是面對一個無法用常理推論的生病的人時，必須要做的保護措施。

＊ 試著轉到另一個不屬於夏洛特管轄的職位。

＊ 把事件寫下來，如果除了會議上的情形之外還有其他的（應該不太可能只有會議上的情形），包括日期與時間，若將來尋求法律協助要對這種惡行打官司。為了讓時間點不容置疑，可以寫成 Email 寄給自己。當然，絕對要保護自己的文字紀錄，不要使用醫院的系統收發。

＊ 如果發生訴訟，請求工會協助（如果有工會的話）以及職業醫學專科醫師的幫助。

＊ 找到可以說話的人（配偶、家人、朋友，甚至是專業人士），避免對於這個狀況讓自己情緒上覺得孤單。

幾點幫助費德利克的思考：

＊ 你被粗暴對待的這些情形，是從到這個新職位開始的嗎？還是更早以前？若是更早，在何時、何處、與誰發生的？你有注意到什麼地方重疊嗎？例如某種完美主義，或是到達臨界點仍無法說不，試圖滿足對方和／或主管而非盡全力做好？你是否太過熱心助人，導致任人奴役剝削？你是否沒花時間搞清

楚，就急於回應那些晦澀難解的指令？

* 你是否需要尊重（considération），在內心深處，一直覺得這份需求從未被滿足過？若是如此，是從何時開始的？你曾經希望可以從誰那裡收到這份尊重？

* 現在這個情境與上述問題的答案之間是否有什麼關聯？當下狀況是否與你所留意到的某些因素相呼應？

* 你現在該怎麼做才能回應自己對於尊重的需求？

團隊的其他人能做什麼來保護自己？

* 意識到有個狀況並不正常。那份侷促不安的感覺使得大家如墮五里霧中，都想盡快逃離，或是各自像編造出解釋這局面的原因。

* 不要孤立費德利克，相反地，跟他說話，把他帶進圈子裡。

* 與其他人交談，把觀察到的問題分享出去，彼此團結。一個連結強烈的團隊不容易被操控。

幾點幫助間接被操控者（proies indirectes）的思考：

* 你們是否害怕如果談論費德利克，會發生什麼事？如果害怕，怕什麼？這份恐懼真的會發生嗎？如果真的發生，該怎麼辦？

* 讓你們忽視這種情形的內在驅力是什麼？只有恐懼而已？還是有別的原因？

＊ 你們該怎麼做才能重視你們人性的價值觀，並且符合這些價值觀？

操控手法：否定對方（第287頁），恐怖的氛圍（第165頁）

自以為主管

　　艾麗諾和慕麗葉都在一家大型顧問公司工作。慕麗葉是資深顧問，而艾麗諾剛來沒多久。她們一起負責一個需要長時間工作的大案子，慕麗葉投入的時間比較少一點，她辯稱自己還得處理另一個案子。到了要向客戶簡報研究成果的時候，慕麗葉宣稱自己不會PowerPoint，讓艾麗諾把成果製作成簡報。上台簡報那天，兩人在與會眾人面前準備，艾麗諾趴在地上設定好各種機器設備，而慕麗葉只說：「艾麗諾，設備交給妳了！」她自己就開始就著投影片做起簡報，要艾麗諾播放下一張投影片時，便敲敲手指頭。

發生什麼事？

慕麗葉的操控手法

→ 在眾人面前,她貶低艾麗諾的重要性與貢獻,把一個平等協作的關係扭轉成上對下的關係,病態型自戀(narcissisme pathologique)使然。正常的做法應該是確保兩人在會議簡報中呈現相等的重要性。

→ 她用了一個站不住腳的藉口來操控:就算她真的不會製作PowerPoint也不會連接電腦與投影機(從她的職位看來,真的非常可疑,有說謊的嫌疑),點擊滑鼠跳到下一張投影片並不需要特別去上什麼培訓。她佈下了一張網,先聲稱不懂機器設備投影片等,不必明著要求,自然能讓艾麗諾自動自發去架設連接投影機,然後順理成章要求她在自己簡報時幫忙按投影片。等兩人來到眾人面前時,這張陷阱之網便開始收網。

→ 她兩次修辱艾麗諾:第一次是把她當成技術人員來介紹,她明明跟自己一樣是顧問,而且她跟自己一樣為這個專案工作得很辛苦,甚至更辛苦;第二次是敲著自己的手指,用這動作輕蔑地向她發號施令,要她播放下一張投影片。

→ 當羞辱是當著客戶的面公然發生,屈辱的感覺更強烈。

→ 她得到所有的名聲與好處,讓別人誤以為這份工作是她一個人獨自完成的,把艾麗諾的工作成果據為己有。同事的工作結果與名聲等都被她犧牲,用來換取自己的名聲、受認可與表揚。呈現出來的畫面是:艾麗諾得抬著頭仰望她,顯像出她高高在上的樣子(這幾乎就是字面上的意思了,當艾麗諾趴在地上連接投影機的線,慕麗葉介紹她的說法是:「設備操作交給妳了」)。

→ 透過這些操控手法,她隱藏了自己在這個案子上不如同事那般努力的事實。

→ 她想牢牢保住自己資深顧問的職位，這才符合她個人的威望，她可不想要這剛來的年輕人把自己擠下台（不禁懷疑她是靠著什麼手段成為資深顧問……）。

對艾麗諾的影響

◎ 她束手無策：她出於好心，願意負責製作投影片，而且要向同事拒絕這麼小一件事，這對她來說並不容易。再說，要求也不是非常明確：慕麗葉說她覺得自己不會 PowerPoint，這對艾麗諾來說是個很明顯的請求協助，因為要讓專案成功，每個人都得盡自己的一份心力。

◎ 她剛到職，需要被接受與認可，因此會特別配合。

◎ 陷阱之網在眾人面前收網，她什麼都不能做。明白地向客戶解釋或者生氣地反應，都會造成更加糟糕的結果。她只能在眾人面前忍受羞辱，不能做出任何回應。

◎ 這些在事情過後就不容易說了：如果慕麗葉不僅藉著自己的資深地位壓人，不讓她說話，大可辯稱說她只不過是介紹艾麗諾而且認可她的設備操作能力，而敲手指不過是讓說話不間斷的方式而已。慕麗葉還可以補充說，艾麗諾太過注重自己的形象（反轉操作與自我投射），或是說她過度敏感（這也是反轉操作），甚至有被害妄想（經典台詞），再甚至可以說自己根本沒有要求她做什麼（模糊的要求，也是另一種經典做法），是艾麗諾自告奮勇要做的。

她能做什麼來保護自己？

* 意識到這個操控。因為出乎意料，導致她一時卡住。

* 因為她趴在地上，當慕麗葉喊說「設備交給妳了」的時候，抬起頭並笑著拋出「做顧問這一行還得什麼都會呢！」這樣能夠擺正自己的顧問身分，並且讓會議室裡的眾人會心一笑，並且讓他們贏得他們的心。

* 慕麗葉第一次敲手指的時候假裝不懂她的意思，好像這應該不是對她發出的命令。慕麗葉想必會不高興，必須直白地說出「請換下一張投影片」，並且知道整間會議室的人都會看到她的動作。要是她還想要保持形象的話，她之後就會比較

- 不敢敲手指了。

* 別再提起這件事。如果這麼做會適得其反，而且證明這手法成功了，反而強化操控者的快感。

* 下一次慕麗葉宣稱不會做某件事的時候，不要直接說可以幫忙，等她請求協助再說，免得她到時說「我又沒有叫妳幫忙！」如果她問了，雙方明確說好過程怎麼進行，避免她到時候又犧牲同事換取抬高自己身價的資本。

* 把事情寫下來，釐清思緒，不要忘記。

幾點幫助艾麗諾的思考：

* 在別人還沒請求之前，妳就常會主動說要幫忙嗎？如果是這樣，是什麼導致妳這樣做呢？如果不這麼做，妳怕什麼呢？妳在何時、何處、與誰、如何養成這麼做的習慣呢？

* 妳是否習慣承擔比起自己職責所在更多的責任？若是如此，妳有沒有注意到是什麼原因促使妳這麼做？這是否表示妳處於錯誤的位置？妳有沒有清楚意識到自己的專業價值？妳是否不信任其他人的能力？是不是過分的善良導致妳忠誠到任憑他人剝削？要放下什麼，妳才能允許自己做出不一樣的選擇？

* 在過去的職涯中，妳有沒有遇過其他被羞辱或是被騷擾的情況？如果有，妳有注意到什麼共同點嗎？不管是情況類似或是妳的反應類似？妳得出什麼結論？

* 現在這個情境與上述問題的答案之間是否有什麼關聯？當下狀況是否與妳所留意到的某些因素相呼應？

* 要怎麼做，妳才能等到其他人提出明確的請求再行動？

操控手法：當眾羞辱，出其不意（第296頁），重新定位角色（第296頁）

狐假虎威

　　克嬛夢絲是知名餐廳的領班，她為此感到很驕傲。私底下，她吹噓自己在那裡工作，是主管。她對所屬的服務生進行高壓管理，要求他們要配得上餐廳的名聲：他們必須站得很直，但不能顯得盛氣凌人，走路的姿態要堅定但步履無聲，他們得被看見但低調地存在，他們不能讓客人等待，但不能用跑的。餐桌服務必須無可挑剔，她會仔細檢查，隨時準備好對任何一丁點的不完美大肆攻擊，甚至於可以捏造出缺點，因為她總有東西可挑剔。她尤其盯上了馬克，一個年輕的服務生，一有機會就找他麻煩，擦肩而過也要撂幾句狠話。有一天，克嬛夢絲跟他說：「清喉嚨是一種覺得難為情的表示。我們的餐廳裡，不能有人覺得難為情。」從那時起，他每一次清喉嚨，克嬛夢絲都會盯著他看。

發生什麼事？

克嫘夢絲的操控手法

→ 她把工作的餐廳名氣併入了自我認同,自戀地把餐廳與自己搞混了。正常人的確是會自豪在這家餐廳工作,但會帶著一點距離。她並不是那家餐廳,那家餐廳也不是她的。

→ 她專斷獨裁地管理團隊,使團隊處於恐懼之中。正常的行為應該是要求每個人盡力做到最好,並不專橫壓迫。

→ 她有些要求是雙重束縛(見第79頁),導致她永遠有事情可以罵。

→ 對馬克,她做得好像是她有個「心理知識」(savoir psy),我們不禁要問這道理是哪兒來的,很可能是她自己發明的,然後在類妄想的心理活動(mouvement psychique)下,她自己信了。

→ 她一副自己比馬克還了解馬克的樣子,當他清喉嚨的時候,她的所作所為讓她可以掌控他,建立一種無所不知與造物主的優越感。

→ 一旦這個基本上是幻想出來的解釋定調了,她就可以一個字都不必說,只靠盯著馬克看就能擾亂他,這在餐廳的空間裡效果很好。

→ 一直被盯著看會讓人難為情,她製造出符合自己解釋的情境,自己實現了自己說出的預言更強化了她的幻想:她製造出自己相信的事,並藉此確認自己是對的。

→ 她感覺馬克逃不出自己的手掌心,這是她獲得的第一個施虐的快感(plaisir sadique):只要她一直盯著馬克看,他就失去鎮定,這就像是從遠方拉動操控傀儡的絲線一樣。

→ 她第二個快感是看到馬克無法處之泰然,開始笨手笨腳出差錯,她就可以罵他了。

對馬克的影響

◎ 他一直被盯著看，讓他覺得很難為情，像是衣服被扒光一樣毫無障蔽地受到敵意隻眼窺探。

◎ 他無法判斷克娜夢絲所說的是真是假，因為他覺得很難為情，所以他開始懷疑自己……

◎ 他覺得自己能力不足，不配在這家知名餐廳工作。

◎ 他想知道為什麼對克娜夢絲顯而易見的事實，自己卻這麼不了解自己，因此覺得自己像個笨蛋，自我貶低。

◎ 他懷疑自己心理健康是否出了問題，一遇到克娜夢絲他就覺得緊張、有壓力，卻不知道自己為什麼會這樣。

操控手法放大鏡

侵擾（L'INTRUSION）：於對方無預期、不恰當的時間或不恰當的地點現身，可以是物理空間（闖入對方在浴室的私密時刻）、心理空間（引發擾人的想法與情緒）、關係之中（亂入跟自己沒關係的對話或是關係）、私密空間（亂翻衣櫥、包包、偷看日記或信件、電話紀錄等），也可以是透過目光注視，無論是被人盯著看（如同本場景）或被強迫去看別人，讓對方看某個他不需要看的東西（比如有些父母會赤身裸體在家裡走來走去）或者強迫他露出他不想展露的事物（比如祕密、身體的部分或全部）等等。這種做法不顧對方的羞恥心也不尊重對方的界限，不把對方當人看，企圖控制對方，獲得權力。

他能做什麼來保護自己？

* 意識到這個操控。克嫘夢絲說的話成真，導致馬克無法清晰思辨：馬克覺得難為情，正由於克嫘夢絲的目光所引起的。

* 用大大的笑容回應克嫘夢絲的話（因為反應不如自己預期，會使克嫘夢絲產生困惑，這種不舒服的感覺會讓她不想再重來一遍），只丟出一聲簡潔的「是」，或甚至沉默，讓（對她來說）淡淡的不爽質疑氣氛飄出來。

* 當克嫘夢絲又盯著他看時，立刻走向她，態度恭敬地詢問她需要什麼。

* 如果持續抱著疑惑，就去找專家諮商，確認這是毫無根據的無稽之談，神棍式的解讀，自己的心理很正常（如果不是太緊張的話）。

* 把這件事寫下來（包括那些令人不舒服的話語或是態度），釐清思緒，不要忘記。

幾點幫助馬克的思考：

* 你是不是太急著反省自己了？如果是這樣，是不是代表你經常懷疑自己以及自己的想法？從什麼時候開始這樣的？在什麼情況下、與誰、為什麼？

* 你如果對自己更有自信一點，會怎麼樣嗎？你怕什麼呢？

* 你是否認為自己必須隨時保持完美，若被發現有一絲不完美就會被蓋上恥辱的烙印？從什麼時候開始、在何處、是誰讓你這麼想的？人家當時發現你不完美，對你做了什麼？或者這是你自己得出的結論？從哪種（些）情況得出的結論？

＊ 你是不是特別容易覺得難為情＊？如何接受自己的個性以及自己的局限？若你察覺到內心有很強烈的自我批判，這個批判的聲音來自於誰？你父親？你母親？你自己？面對自己有所不足而得出的結論？

＊ 現在這個情境與上述問題的答案之間是否有什麼關聯？當下狀況是否與你所留意到的某些因素相呼應？

＊ 要怎麼做，你才能溫柔地接納自己不完美的人性？

操控手法：侵擾（第301頁），煤氣燈操控法（第38頁），雙重束縛（第79頁）

＊　我們每個人都會這樣，這很正常，只不過有些人會比其他人更嚴重些。

全人

　　瑪麗安剛受聘到一家廣告公司擔任創意人員，她覺得這家公司作風大膽，她很欣賞。這讓她很開心，工作充滿熱忱。與創意團隊碰面時，創意經理對她說：「在這裡呢，我們每個人都必須是個「全人」（être humain complet），才能開放與創新，所以我們每個人都有個熱衷之事。」她說自己寫詩，一位同事畫畫，另一位在業餘劇團表演……剛入職的瑪麗安含糊其辭，趕緊編出一個熱衷之事，成為這個完整人類小組的一員。她喜歡看電影，所以宣稱自己是狂熱的電影愛好者：「我很瘋電影。」為了怕穿幫，她開始讀起電影史，看起一些會讓自己睡著的片子。她還東啃一點西讀一些深奧的參考資料……她跟自己說，再過不久，自己一定會跟電影變成好朋友的……不過這不是真實的生活！

發生什麼事？

經理的操控手法

→ 她說得天花亂墜,美化了一個平庸的團隊,假裝他們在一個由了不起的人所組成的封閉圈子裡,只有比別人優秀的「全人」才能加入。

→ 正常的行為應該是專注於工作能力,不論私人生活。

→ 把自己與下屬的興趣偽裝成熱衷之事(必定是狂熱激情、難以撲滅、才華過人、不修邊幅的),只為了妝點自己的美好形象。然而,若真如她所言,這些人在自己的熱衷之事上都才華過人,他們為什麼都要做其他的工作呢?

→ 她用這個故事餵養自己的自戀心理。

→ 她試圖讓新來的職員印象深刻、心生佩服,並且拋出一個挑戰,得過關才配得上這個特別的圈子。

→ 這麼做使她掌握權力,意味著對方必須符合自己的標準,不然就會被拒絕進入圈子裡。

→ 雖沒明說,她把自己放在審查把關者的位置;她宣布一個「行為準則」,等著瑪麗安符合這個行為標準,深怕被看作不夠完全,不夠格成為圈子內的一員。她將自己立於評審的地位,評判何謂熱衷、何謂才華。

→ 她定下基調:在這裡,若不是膨脹的自戀要不就什麼都不是。有個陷阱:新來的下屬因為面對挑戰做得太過成功,熱衷之事的成就超越了經理,於是遭到貶低和攻擊:「電影很美好,不過真實的人生不是這樣的。」

→ 她用個人的評量標準作為融入團體的要求,在她的團隊裡,我們並非「做什麼」(這是一般團隊的定義),而是「是什麼」,這是一種自我再生,人格塑造,且顯然是有特別質感要求的。

→ 這些個人的評量標準侵擾了下屬的私人生活。

對瑪麗安的影響

◎ 她試著融入團隊，於是試著做到團體的要求。在這種情況下，她變得對於自己呈現出來的形象比較敏感，這是很正常的。

◎ 她措手不及：她預料到其他人會測試她的專業能力，但沒預料到會檢驗她的私人生活。

◎ 她被「全人」這種吹噓的說辭嚇到，因為她把自己即將加入的團隊給理想化，如同人們剛要加入一個團體裡都會有的心情。

◎ 她臨時編造出一個假的熱衷之事，讓她突然坐上了另她不舒服的詐欺（冒名頂替）的位子上；她很怕有一天會被揭穿，導致她變得脆弱，更容易被人掌控。

◎ 她受到經理不恰當的瘋狂要求所侵擾（intrusion），於是試圖在休閒時間學習電影知識，挑戰成為「全人」，雖然自己喜歡去看電影，但對電影研究不是真的那麼感興趣。

◎ 她太認真看待自吹自擂的胡說八道，並把熱衷之事想像成瘋狂的熱情（燃燒自己、不修邊幅的形象等），而沒有意識到或許她的經理只是寫些蹩腳的詩句，畫家同事幾個週末才偶爾亂塗亂畫一張而已，業餘演員同事演的戲……很業餘。

◎ 她太過符合團體要求，卻遭到粗暴對待：她成功讓人以為自己是個狂熱的電影愛好者，結果別人卻說她的熱衷之事很討人厭。不管她做什麼，都是錯的，這正是雙重束縛的定義：要嘛她沒有熱衷之事，那麼她就不是一個完全的人，也就不配當團隊成員；要嘛她有個熱衷之事，但卻因此而困擾。

冒名頂替（L'IMPOSTURE）：長久處於自戀病理之中（病態型自戀是自戀病理中的一種）。為了維持一個高大有威望的自我形象，自戀者美化自己的故事和成就，尋求在現實中自己通常無法真正擁有的掌權之位和／或名望高的地位。自戀者知道如何讓其他人以為自己比真實的自己還要優秀，並從中得利。一旦獲得自己垂涎的美名高位，就得透過假造、反轉、篡奪、重新定位角色、用攻擊他人來防守自己等方法來保住地位。病理自戀者（personnes pathologiquement narcissiques）也會將他人的才華與成就據為己用，以之為養分，讓自己形象更光鮮，像是用：伴侶關係（「我是⋯⋯的丈夫／妻子」）、親子關係（「我兒子／女兒也做這個或那個⋯⋯」），職場關係（「我是⋯⋯的老闆」），朋友關係（「我是⋯⋯的朋友」）。而後續發展的模式萬年不變：自戀者在第一時間為了抬高自己身價而接近這人，接下來卻被敵意的感覺（嫉妒）抓住時，便開始批評、摧毀有天分和自帶光環的那人。

她能做什麼來保護自己？

* 意識到這個操控。導致她看不穿的原因是她把這個自己試圖融入的群體過度理想化了。

* 帶著用感興趣的語調，問一些關於其他人熱衷之事的問題：「寫詩嗎？我也喜歡詩！」甚至還可以問：「妳的詩有在哪裡發表過嗎？」但這個問題是一

步險棋，因為經理很可能從沒發表過，卻反過來攻擊她。

* 表現出開心的樣子，拋出謎般的話語：「嘿嘿，每個人都有些祕密！」暗示自己也有，但不打算透露。

* 帶著同樣開心的語調說：「噢，酷！」不加其他評論。

* 把事情寫下來，釐清思緒，不要忘記。

幾點幫助瑪麗安的思考：

* 剛加入一個團體的時候，妳有什麼感覺？會覺得特別不自在嗎？如果會，為什麼？過去在融入群體（別的團隊、學校等）的經驗如何？

* 妳覺得自己有接受自己原本的樣子，還是自我批評得非常嚴厲？若是後者，妳是否感覺到這份自我批判使妳在面對別人的自戀時有多麼脆弱無助？

* 現在這個情境與上述問題的答案之間是否有什麼關聯？當下狀況是否與妳所留意到的某些因素相呼應？

* 妳要怎麼做，才能接受自己原本的樣子？

操控手法：自我膨脹，冒名頂替（第308頁），侵擾（第301頁）

朋友之間的操控

友情應該比愛情簡單，遇到事情時，我們通常會找朋友陪伴、訴說心裡話、彼此交流、彼此分擔、尋求默契、笑、庇護與安慰。因此，當友誼中出現病態操控的戲碼，會令人非常痛苦心傷……

當我們把某人視為朋友，很難想像對方會出於嫉妒而傷害我們或享受這件事，也很難想像對方為了物質的目的或自戀的緣故而利用我們。因為我們自己不會這麼做，以至於理性思考被誤導。不過，就像笑話說的：中了樂透，你就會發現自己有很多朋友……或是出於某種原因，我們變得有名，甚至是當地名人，我們的名聲能夠對朋友帶來影響，這時我們也會有很多朋友。

若是比起在戀愛關係或是職場關係中，我們在朋友關係裡束縛較少，但是包括保守聽到的祕密：沒有人想看到自己的祕密被朋友揭露，與這樣的人我們一定會大吵一架然後絕交。還有，與其他人的關係也至關重要：我們不會希望放棄一段溫柔而且支持的關係。要放棄一開始表現得敏銳又善解人意的密友並不容易。失去一起出門、一起度假的對象，也沒有比較容易。更別說一個朋友可以讓我們少不了，若是對方提供了我們很難放棄的服務，像是當我們走不開時幫忙接小孩、修電腦、買東西。

斷絕這類的一段友情（但這還能說得上是友情嗎？）也可能是病態型自戀者主動採取的結果：當被操控者已提供了他想要的服務，因此不再有利用價值；或是被操控者因為經歷的各種問題而變得太過「沉重」，因為病態型自戀者不願被他人的煩惱給糾纏。不過有時候，是病態型自戀者的行為讓被操控者因太過生氣或受傷，使得讓被操控者主動斷絕關係。經常發生後來被操控者聽到別人傳來一些操控者散播關於自己的毀謗謠言。幸好，早晚——可惜有時候要很久以後——這些謠言證實為假消息，病態型自戀者周遭的人會得知他們跟什麼樣性格的人在打交道。

然而，即使被欺騙、被利用、被錯待的感覺持續發酵並使人痛苦，人們很少因為朋友關係的困境立刻去找心理師諮商，通常是在講述其他事件的時候才發現這裡面的問題。

誰來結帳

　　愛麗絲和茱思婷在同一家大企業工作。兩人原本在同一個部門工作，成了好朋友，後來愛麗絲得到提拔，去了另一個部門任職。茱思婷在她過去之前一再警告她說：她要赴任的職位很不好做，工作分量很重，上司要求很嚴而且脾氣不好。不過愛麗絲沒有改變主意，還是去了。中午，兩個人有時候會一起吃飯，交換一些消息和八卦，也讓茱思婷提出建議和警告。每次用餐完都是愛麗絲結帳，茱思婷看著她付錢，好像覺得很正常。有一天，愛麗絲終於受不了，對茱思婷說：「這次的帳單給妳付？」不斷在內心責備自己這個行為實在不恰當，愛麗絲趕緊頭低低的穿上外套。茱思婷震驚且目帶譴責地看著她，掏出卡片結帳，一副被人當眾甩一巴掌的模樣。

發生什麼事？

茉思婷的操控手法

→ 她嫉妒愛麗絲獲得升遷，試圖先讓她擔心再給予建議來掌控她。

→ 她必定覺得自己有權被請客，讓愛麗絲可以報答自己與她用餐的榮幸以及給予她明智的建議。

→ 她暗中讓愛麗絲為升遷付出代價。

→ 她沒有遵守禮俗，兩人應該要禮尚往來輪流請客。這會讓兩人處於平等的地位，所以她不想要，只有她才能是有權力和名聲的那一位。被請客的那人，就是獲得禮遇榮耀之人。

→ 她很貪心，不想為別人花自己的錢。

→ 她靠的正是禮節，讓愛麗絲說不出口每次都是她在請吃飯。要嘛她從來不說，要嘛她請了很多次才說，總之贏家都是自己。

對愛麗絲的影響

◎ 在她看來,升遷一事和自己與茱思婷的關係一點關係都沒有。對她來說,兩人就人性價值而言是平等的。

◎ 她付了好幾次,終於發現這個情形並不平衡也不公平。

◎ 她不知道該怎麼辦:要嘛她再請客一次,更強化不平衡的狀況,

並且在自己眼中、在茱思婷眼中,都是懦弱順從的;要嘛違反禮節,自己要求被請吃飯。

◎ 為了試圖重建表面的平等,她得冒著被別人覺得粗魯無禮的風險,但明明就是操控者沒禮貌。

◎ 因此,這名操控者很可能會對她說一些微妙的損人言論。

操控手法放大鏡

假裝有特權(FAIRE COMME SI ON AVAIT DES DROITS SPÉCIAUX):這個操控手法符合自戀人格的基本信念:擁有特權。這個信念對這類人而言是如此理所當然,所以他們習慣加諸他人身上,他人順從,通常大為震驚,有時候盲目,有時候被結果嚇到,如果不順從的話。所以這類人受不了等待,也讓別人知道這點,他們認為自己應該得到所有事物最美好的部分,他們要求符合自己分地位的禮遇,若得不到就大吵大鬧。

她能做什麼來保護自己？

* 意識到對方的操控。導致她看不清的原因是她沒想到對方不是忘記，而是故意，一點禮節都沒有。

* 提議各付一半而非讓對方請客，這也是社會大眾可接受的，她看待自己的感覺也會比較好，同時能降低茱思婷用話貶損她的機率。

* 仔細觀察茱思婷的手法，學著讓自己也被請客來阻止她的伎倆（餐後去上廁所、不要拿出錢包信用卡等、看著對方付錢好像這很正常……之類的）：等待一段夠長的時間直到她結帳，哪怕這段時間顯得尷尬，甚至可以邊穿外套，不要表現出一絲一毫要付錢的意思。要做得像是這很正常的樣子。

* 別再接受茱思婷的「邀約」，不管她用哪種藉口（避免面對面，一見面必定又要聽茱思婷在胡說八道，她討不了好）。

* 把這件事寫下來，釐清思緒，不要忘記。

幾點幫助愛麗絲的思考：

* 妳是否經常受騙？如果是，哪些原因會讓妳受騙？從什麼時候開始的？學齡前、求學時、還是畢業以後？

* 妳是否認留意自己的利益是可受譴責的？如果是，妳在什麼時候、在哪裡學到這個想法的？

* 妳是否超級在意要表現出有禮貌、有教養的樣子？如果是，妳怕什麼？沒有禮貌會怎麼樣嗎？妳在什麼時候、在哪裡得出這個結論的？

＊現在這個情境與上述問題的答案之間是否有什麼關聯？當下狀況是否與妳所
　留意到的某些因素相呼應？

＊妳該怎麼做才能確保在給予和獲得之間取得平衡？

操控手法：假裝有特權（見第315頁）

掐指一算

　　帕洛瑪，四十五歲，剛離婚，重新找回自由。她在一個朋友之間的小型聚會上玩得很開心。她節食一段時間，變瘦了不少，而且剛開始一段戀情，感覺自己也變美了。在聚會上，一個「心理師」朋友與她擦肩而過，注意到她變得苗條。帕洛瑪帶著微笑說，都是因為愛情……。那位朋友回說：「喔，我懂，青春期的厭食症嘛……」她想解釋說並非如此，但那位朋友帶著「我都明白」的微笑看著她。

發生什麼事？

心理師朋友的操控手法

→ 她觀察到朋友的狀態，鍍上一層自己的詮釋，藉此支配他人。

→ 她完全不聽別人解釋：她表現出自己比對方還了解發生在對方身上的事；若對方抗議，她就把這反應過度解釋為對方的一種自我防衛，以及對方這行為本身便證明她說的有道理。

→ 她試圖讓自己無懈可擊，所以當帕洛瑪想抗議時，她什麼都沒說。要對著一個「我都明白」的微笑進行自我辯護並不容易，如果帕洛瑪解釋了，她便可以輕易地說她太過偏執。這種說法其實是一種反轉的表現，因為不遺餘力地要在對方身上貼上自己的詮釋，正是偏執的行為。

→ 她很可能是嫉妒帕洛瑪綻放出來的美麗與喜悅。

→ 因此，她「不得不」稍稍打壓一下帕洛瑪的喜悅之情（剝奪喜悅，見第85頁），把帕洛瑪表現出來的幸福快樂說成是病態的。

對帕洛瑪的影響

◎ 她表現出覺得自己現在很好、很美的喜悅,因此受到攻擊。她的幸福會引發別人的嫉妒攻擊,她卻沒有意識到這點。

◎ 心理師朋友的詮釋讓她感到混亂:搞不好自己真的是因為某種心理疾病才變瘦的?

◎ 她的喜悅被削弱,不只喜悅不被理解、不能分享,她身心幸福的狀態還被賦予一種令人訝異且不舒服甚至是痛苦的意義,讓她懷疑自己。

◎ 她掉入朋友在她周圍鋪設的陷阱之網,如果她同意朋友的說法,就表示朋友說得對;如果她不認同地出言反對,那更表示朋友的解讀恰恰正確!

她能做什麼來保護自己？

* 意識到對方的操控。讓她被唬住的原因是這個攻擊來得很突然，以及那位朋友身為「心理師」的地位。
* 不要回應，也展露一抹曖昧的微笑。
* 說：「真有趣！」或是「嗯哼……」然後就什麼都別說，好像在對一段有病的發言施捨一點點的注意力。
* 也可以嘗試比較有攻擊性的說法：「感謝妳的指教」，但有可能會引發衝突。
* 暗中查證她變瘦是否的確表示受到某種議題的動力（dynamique）的跡象；對自己要有自信：若真是如此，自己即便不了解來龍去脈也該會知道的。
* 把這件事寫下來，釐清思緒，不要忘記。

幾點幫助帕洛瑪的思考：

* 妳是否深信自己不了解自己身上發生什麼事情這種想法？就算沒有人能夠百分之百了解自己，潛意識動機的揭露唯有發自內心的同意才有效，一種想當然爾的感覺（也就是揭露產生「啊對，就是這樣！」的效果）。
* 妳是否習慣為了對他人有利的想法而放棄自己的想法，認為別人的想法更聰明、更有財，具備自己所沒有的「奇妙」知識，或是習慣放棄自己的想法，為了不要反駁他人、不要惹人不快、避免可能引來別人的反擊？若是如此，在哪裡、從何時開始，妳是如何、跟誰學到這個習慣的呢？
* 如果妳堅持自己所知道的事，不受他人影響，妳會害怕嗎？如果妳有所恐懼，妳在怕什麼？

＊妳是否很習慣自己的喜悅被攻擊、被嫉妒？如果是，在什麼時候、被誰？妳
　是否特別容易吸引愛掌控、會剝奪別人喜悅、常嫉妒的人？如果是，妳是否
　覺得自己已經習慣事情朝這方向發展？在妳過往的生命經驗中，最一開始是
　哪些人對妳顯露出這樣的特質？這些經驗是否形成了一種原型、一種模式，
　讓妳從那時起就經常受到有這類人格特質的人所吸引？

＊現在這個情境與上述問題的答案之間是否有什麼關聯？當下狀況是否與妳所
　留意到的某些因素相呼應？

＊該怎麼做妳才能多跟其他類型的人見面交流？

操控手法：知彼莫若我（第31頁），煤氣燈操控法（第38頁），剝奪喜悅（第
85頁）

所謂的好閨密

　　麗絲與安柏從高中就認識了，每年會見一到兩次面，在一群朋友聚在一起的時候。她們受邀到一位朋友家裡慶生吃晚餐。麗絲住得比較遠，她問安柏自己能不能借住，這樣晚上自己就可以喝點酒了。她知道安柏通常會搭計程車回家，真是太好了。兩人梳妝打扮了一番。麗絲弄得很美，時髦又優雅，對自己的輪廓精雕細琢，花了很多時間上妝。一定要讓人覺得自己超迷人才行。安柏在著裝的時候，發現襯衫的袖子脫線了。麗絲跟她說：「沒關係啦，而且我們沒時間了！反正天氣冷，妳就別脫外套吧。」在餐桌上，有一個朋友稱讚安柏的穿著，麗絲大笑說：「你們沒看到她的襯衫……」

發生什麼事？

麗絲的操控手法

→她把安柏當成工具人，享受她房子住得近以及搭計程車的舒適便利（她並沒有分擔車費的意願）。

→她給安柏設下了陷阱，假裝自己會保守這個讓安柏尷尬的祕密。

→她事先挖了個坑，建議安柏不必縫袖子，也不要換下襯衫。

→若安柏覺得太熱，就會束手無策，只能不舒服地穿著外套，麗絲將為此竊喜。

→她受不了別人稱讚安柏，於是觸發陷阱，揭發這個祕密。只有自己才可以成為大家注意力的焦點以及受到讚美，於是受辱的感覺引發了她的報復。

→朋友必須作為自己的陪襯，也只能是陪襯。她並不覺得有真正的友誼，她覺得把對方當成工具人就好。

對安柏的影響

◎ 她以為麗絲把自己當朋友，於是聽從她的建議（不換襯衫）。

◎ 她沒想到不能脫下外套有可能會感到困擾，至少她只想著要麗絲與保持良好關係，就要照著她說的去做。

◎ 當她被陷阱夾住時，十分驚訝，或許還不明白為什麼麗絲要揭發自己這個尷尬丟臉的祕密。只要她還相信兩人之間存在友誼，她就不會察覺這嫉妒之心。

操控手法放大鏡

利用公眾（L'UTILISATION D'UN PUBLIC）：羞辱被操控者，透過製造羞恥感（例如揭發祕密、貶低對方、讓對方產生罪惡感），利用公開的場合讓這感覺更難以忍受。而且公開場合也讓被操控者更不容易回應或是捍衛自己，因為會讓自己暴露在更多的視線之中。這種操作可以增強羞恥的感覺、得以掌控權力，並且在其他人面前貶低被操控者抬高自己的身價。

她能做什麼來保護自己？

* 意識到對方的操控。她相信兩人之間存在著友誼，以及她難以想像麗絲心態扭曲、把別人當工具，才會導致她想不透這個操控。麗絲能夠挖坑給她跳，靠的就是她想不到。

* 換件襯衫，或是重新縫好袖子，讓自己能夠非常自在舒服。

* 若她還是掉入陷阱，就在祕密被揭發的時候大笑吧（羞愧和／或憤怒的情緒都會讓操控者感到愉悅），說些像是：「所有美麗的女人都擁有各自的祕密」或是對著稱讚自己的朋友邊笑邊說：「朋友就是靠得住」，這會讓不快的情緒反轉到操控者身上。

* 微笑地看著麗絲，拋出短短一句：「喔，對啊……」。

* 把這件事寫下來，釐清思緒，不要忘記。

幾點幫助安柏的思考：

* 妳是不是習慣聽從各種建議？如果是，為什麼？妳認為自己無法找到方向、自行做出正確的決定嗎？這個想法是從何時開始、哪裡得來的？

* 妳是不是有點天真，只要對方「正式宣稱」是朋友或情人，就會輕易地相信友誼或是愛情？雖然一部分的原因是妳自己很真誠，所以難以察覺他人表裡不一，但是否有別的原因造成妳如此天真？

* 妳是否太過渴望被愛，以至於即便是摻假的友誼之泉，妳也願意願意喝下去？妳是否真的相信自己值得被愛？如果不相信，是誰、在哪裡、如何讓妳產生自己並不可愛的想法？

＊ 現在這個情境與上述問題的答案之間是否有什麼關聯？當下狀況是否與妳所留意到的某些因素相呼應？

＊ 妳該怎麼做才能辨別和確認對方值得妳的信任？妳該怎麼做才能自主地做出決定？

操控手法：製造羞恥感（第55頁），公開揭露祕密，濫用信任（第110頁）

讓世界繞著我轉

　　雅樂和娜塔莉參加同一個合唱團。她們因此走得近，開始會約出來見面。兩人都單身，所以都很高興找到人跟自己一起做很多不同的活動。問題是娜塔莉總是在最後一刻找到某件事情不合她意：地方太遠而她的車子剛好壞了、天氣太熱或太冷、她這裡或那裡不舒服……雅樂總是理解、找替代方案、負責處理一切、絞盡腦汁、去載她、重新檢視原計畫的各種細節，總而言之，她調整自己去適應這些。有一次，她們計畫了一整週的野餐，因為計畫得太複雜、花樣多到像是健達出奇蛋，雅樂決定放棄，她跟娜塔莉說：太複雜了，野餐延後吧。兩人在合唱團的團練練唱再次見面，要走的時候，娜塔莉離開前出其不易拋出一句：「妳什麼時候才能像個成年人一樣做事情？」

發生什麼事？

娜塔莉的操控手法

→ 她用受害者的姿態在關係中掌權：身為受害者使她得以享有特權，雅樂則被強迫服從。正常的做法應該是在遇到問題時，自己負起責任，讓兩人外出計畫的影響降到最小。

→ 承上，她因此在關係中占據著中心的位置，畢竟她也不可能接受其他結果。

→ 她在過程中占了不少便宜，比如搭順風車（之後，雅樂才發現那輛據說壞掉的車其實狀況挺好的）。

→ 當雅樂不再隨之起舞，並且拒絕她多如牛毛的要求時，好像這些要求是在找麻煩，讓她很不開心。正常的行為應該是了解有時事情太過複雜，得懂得放棄並尋求替代方案，比如，改成邀請對方到自己家用餐，兩人還是可以共度美好時光。

→ 團練結束的時候，她對雅樂說出一句意義不明的指責，這有三重功效：一讓自己身處優勢，二是報復，三能讓雅樂心情受到影響很久。

→ 這個指責讓雅樂更受困擾的原因是她在其他團員面前這麼說，似乎暗示雅樂做了什麼對整個合唱團不好的事，其他團員可能因此對雅樂抱有負面觀感，這只會讓雅樂覺得丟臉。

對雅樂的影響

◎ 她天性（有點太過）善良和好說話；她努力取悅和照顧朋友，即使隱約感覺被操控，也有點受不了娜塔莉老是一副受害者的姿態。

◎ 當她發現對方總在最後一刻提出某些要求，其實是在找麻煩，她再也不想要退讓和包容了，她跟自己說：我到達極限了，我寧可放棄，至少放棄這野餐。

◎ 她希望娜塔莉了解自己沒辦法什麼都想要，也不能什麼都讓別人做，能因此對下次的外出要求少一點。

◎ 她沒有發現自己因此點燃了娜塔莉的怒火，發動了一場戰爭。

◎ 娜塔莉的最後一句話讓她大為震驚，在記憶中一幕幕回想排練的情形，詢問其他團員她是否表現得像個孩子，並且在進行心理諮商的時候試圖請教治療師，試圖理解這句評論！她要了解的，就是其實根本沒有什麼需要去了解，單純是對方故意如此。

操控手法放大鏡

意義不明的指責（LE REPROCHE AMBIGU）： 做出讓對方無法理解的指責。這是法蘭茲·卡夫卡的《審判》*的動力關係（dynamique）。被操控者不懂這份對自己的指責，即使看似說得很明白。他會問自己成千上百個問題，耗費很多的心力，身不由己，只為了明白自己到底做錯了什麼。這個手法是透過讓對方產生罪惡感來獲得權力，並且透過滿腦子的疑問去玷汙對方的心靈。若是被操控者想要滿足操控者，就會委屈自己，獻上各種好處，試圖逃避蒙受難以理解的恥辱。

她能做什麼來保護自己？

＊ 意識到對方的操控。即使雅樂已經看懂受害者姿態是一種操控，她還必須接受和理解自己並不需要去理解這不清不楚的指責。她無法想得通透的原因：一是對於指責很敏感，而每個人都會這樣；二是放不下想要搞懂與自己有關的事情這種欲望，這並不容易；三是害怕合唱團裡的其他團員也認為她的行為像小孩一樣幼稚。

＊　Franz Kafka, *le Procès*, Paris, Folio classique, 1987.

＊ 用幼稚的鬼臉回應她，就像是在說：「妳覺得我的行為像個小孩子？好啊！那我就當個小孩給妳看，怎麼樣？」

＊ 大笑出聲，並且說些荒謬的話來回應，像是：「不可能！就像亨利四世！」（或是拿破崙，或老子……）。就用荒謬來回應荒謬吧。

＊ 做跟她一模一樣的事：與在場的團員討論大家如何看待這個狀況。

＊ 把這件事寫下來，釐清思緒，不要忘記。

幾點幫助雅樂的思考：

＊ 妳為什麼這麼努力要當個好人？如果沒這麼努力，妳怕會怎麼樣嗎？

＊ 太善良是否曾害妳吃過虧？如果有，是哪些？什麼時候的事？跟誰？

＊ 妳是否認為要當好人、要犧牲自己，才能夠被欣賞、被喜歡？如果是，妳在何時、何處、與誰學到這個想法的？

＊ 現在這個情境與上述問題的答案之間是否有什麼關聯？當下狀況是否與妳所留意到的某些因素相呼應？

＊ 該怎麼做才能繼續當個好人，又不會太過善良，同時還能讓他人與自己都欣賞並喜愛真實的自己？

操控手法：扮演受害者（第73頁），搞破壞（第269頁），意義不明的指責（第334頁）

自以為是的解讀

　　雅瑪麗亞是數學家，在一間研究中心工作。前不久，她在朋友的晚餐聚會上認識阿葛萊，對方似乎對聽自己聊數學的話題是真的感興趣。這很少見，通常大部分人的反應是「啊，數學喔！我不懂啦！」讓熱愛數學的雅瑪麗亞覺得很孤單。她經常與同事出去交流，但有個不是圈子內的人感覺不錯。她們時不時會碰面，一起吃晚餐、看電影、散步、或者逛美術館。雅瑪麗亞去做心理諮商很長一段時間了，這讓阿葛萊很著迷。她常常問雅瑪麗亞一些關於她的生命議題，以及她與她的「心理師」一起了解了哪些事情。她心不在焉地聽著，然後把話題帶到：「啊，跟我一樣！」接著就開始滔滔不絕地談論自己，說個沒完。什麼都說，她困苦的童年、她的朋友忘恩負義、她的戀人不懂得欣賞她的美好……。雅瑪麗亞很穩重，不會抱怨，認真傾聽阿葛萊訴說，她聽她說了很多。她再也沒有太多機會能夠談論自己的事或者自己喜愛的數學……。一天晚上，她們決定去市區散步。阿葛萊炫耀她很自豪的一件新裙子。她試圖從雅瑪麗亞口中挖出恭維的話，但雅瑪麗亞對流行時尚和衣服飾品根本一點都不感興趣，最後忍不住被煩到說自己不在乎。於是阿葛萊看著她說：「我對於妳過得不幸感到很抱歉。換諮商師吧，找個真正能幫助妳往前走的。」

發生什麼事？

阿葛萊的操控手法

→ 她裝出對雅瑪麗亞的研究領域深感興趣的樣子，誘使她成為朋友。事實上，她對雅瑪麗亞感興趣，單純是因為她覺得跟專家學者一起出去很潮，尤其是這麼困難的領域的專家。這也間接製造出她很聰明的感覺效果。

→ 正常的行為是如果不喜歡數學就不要表現出感興趣的樣子，常跟一個朋友見面因為真的欣賞這人，而不是拿來當陪襯。

→ 她也喜歡可以談論自己、抱怨別人。事實上，她就只對這些話題真的感興趣，而雅瑪麗亞很懂得聆聽。還有，阿葛萊認為雅瑪麗亞做了心理諮商，應該會產生「神奇」的效果，那麼她就可以不必去看真正的心理師了（要付錢！），更何況一切都是別人的錯，她自認都沒有錯，不需要花錢去諮商。

→ 長久下來，人家就會發現她很不好相處，所以要時不時更新一下朋友名單，而雅瑪麗亞就是新上任的朋友。

→ 當雅瑪麗亞怒吼說自己一點都不在乎時尚，這讓她感覺被羞辱、被針對。正常的行為是在面對不同的關注重點時，保持冷靜、不過度解釋、不必認為對方在針對自己。

→ 於是她展開攻擊，捏造說雅瑪麗亞過得不幸福，可能因為她自己就是外表試圖裝成過得很幸福的樣子（可惜沒用）。即便雅瑪麗亞並沒有過得不幸福，這武斷的說法至少也能讓她內心動搖（但又有誰能夠百分之百、永遠都幸福快樂呢？）

→ 她用一種同情對方的態度說出攻擊性的斷言，讓對方難以反駁。如果雅瑪麗亞反駁，就證明阿葛萊是對的，阿葛萊就能夠繼續認為雅瑪麗

亞很可悲。

→ 她做得好像雅瑪麗亞不在乎時尚這件事就證明她過得不幸,事實上是阿葛萊過得不快樂:這是一種自我投射。

→ 她貶低了雅瑪麗亞一步一腳印的心理治療,拐彎抹角地說她做了這麼久的諮商,卻毫無改善。

→ 她試圖打擊雅瑪麗亞對於心理師的信心,暗指這位心理師沒用,插手干擾雅瑪麗亞與專業心理師之間「一對一的研討會」(colloque singulier)。

對雅瑪麗亞的影響

◎ 阿葛萊在聽她談論研究領域時表面顯露出的感興趣誘惑蒙騙了她。因為熱愛的數學,她一直覺得很孤獨:除了同事以外,沒有人對這個話題感興趣,而她很希望能夠跟圈子以外的人聊數學。在過往的生命經驗中,她很少被關注、被欣賞。於是她便經常與阿葛萊見面,建立友誼。

◎ 不過她注意到自己越來越少有說話的機會,她都在聽阿葛萊說話。

◎ 當阿葛萊強行要她稱讚自己身上的裙子時,雅瑪麗亞表現出自己覺得很煩,因為她希望一次終結這個索要讚美的對話,於是直覺地說出自己對時尚無感。這個不耐顯示出雅瑪麗亞已經到達臨界點。

◎ 她被說成是過得不幸福。即使她知道這基本上是錯的,心中仍

然忍不住疑惑自己到底呈現給人什麼樣子的形象？很悲傷？很保守？因為她有時候也會指責自己，於是這個說法擊中了她、使她產生動搖。

◎ 她想要為自己的諮商心理師辯護，但因為她知道移情（transfert）和理想化（idéalisation）的機制（mécanismes），於是她也懷疑了一下自己的諮商心理師是否真的不夠專業。於是這個說辭再度擊中了她，而且在她腦中徘徊了一陣子，陪著雅瑪麗亞度過幾次的諮商時間。

她能做什麼來保護自己？

＊ 意識到對方的操控。讓她想不清楚的原因，是因為阿葛萊的說辭觸碰到了她敏感的點：說她太保守、感覺她沒有很快地「往前走」的感覺……這在心理治療過程來說是正常的！

＊ 不要說話。冷靜地看著阿葛萊，一臉悲憫。

＊ 停止與阿葛萊來往，在她變得更毒之前。這種斷言是一種警告，如果雅瑪麗亞繼續讓這種事情發生，那麼毒害的力道將會逐漸加強。從此拒絕她的邀約。

＊ 與自己的心理師談談這件事，與心理師一起分析這中間在搞甚麼把戲，並且「洗清」關係之中源自於阿葛萊的有害思想。

＊ 把事情寫下來，釐清思緒，不要忘記。

幾點幫助雅瑪麗亞的思考：

＊ 妳是否長久以來都覺得孤立無援、與人脫節？妳明白是什麼造成的嗎？（極為可能是由於能力太好，具有這種特質的人通常都會有這種感覺。）

＊ 這份孤立無援的感覺是否傷害了妳的自尊？如果是，如何傷害？妳對於自己有哪些根深蒂固的想法，導致與人相處有時難以覺得自在舒服？

＊ 妳能接受原本的自己嗎？也就是說，妳能接受保守的自己嗎？如果不能，為什麼？妳認為這是一種缺點嗎？如果是，在哪裡、是誰、如何讓妳得出這個結論？

＊ 為了不要感覺孤立，妳願意做什麼？妳願意做的，對於妳來說是好的、適合妳嗎？

＊ 現在這個情境與上述問題的答案之間是否有什麼關聯？當下狀況是否與妳所留意到的某些因素相呼應？

＊ 該怎麼做，妳才能接受自己原本的模樣，而且找到一些不是數學家的人，也能跟他們聊天的時候覺得有安全感？

操控手法：知彼莫若我（第31頁），煤氣燈操控法（第38頁），侵擾（第301頁），棉裡藏針（第179頁）

絕交

　　露薏絲會借書、借錢，「忘了」還。每次在餐廳要付款的時候，她都沒帶金融卡。她總是受邀到別人家作客，卻宣稱自己家太小，沒辦法回請任何人來家裡。她設法讓晚上的聚會在最後一班捷運或最後一班火車過後才結束，然後別人要陪她回家，因為她住在郊區，而她自己一個人會害怕，或是要幫她付計程車錢，因為她總是一如既往，身上沒帶錢。而且露薏絲總是在談論自己，永遠都只有自己，說不完的自己。她花一半的時間在吹噓自己的成就，另一半的時間在抱怨。不過，這個晚上，梵妮想談談她與另一半分手後的悲傷和憤怒，她們曾經一起度過美好的十年時光。梵妮覺得心都碎了，需要有人溫暖自己、傾聽自己、支持自己。露薏絲聽了三分鐘，然後又開始談論自己。梵妮受不了，她曾經為露薏絲找過各種藉口，因為兩人多年以來各種無論好壞的共同經歷而原諒她，但現在她真的覺得受夠了。在聚會最後，又跟以前一樣是她在結帳，梵妮生氣了。她並沒有把積累的怒氣發洩在露薏絲身上，而只是單純地簡潔地告訴她說，自己認為兩人不會再見面了。過了一段時間，梵妮覺得孤單，失去了女友也沒有露薏絲的陪伴，雖說露薏絲有這些缺點，梵妮還是很喜歡她的。於是她開始有點後悔當初說的話，想說自己是不是有點太嚴苛了，然後她得知露薏絲告訴她們的共同朋友說兩人不再來往，原因是她拒絕了自己的求愛。

發生什麼事？

露薏絲的操控手法

→她本質上極為自我中心、視錢如命。正常的行為應該是，就算沒有嚴格記帳，也該或多或少在給予和接收之間做個平衡。

→她利用梵妮，就像對方是一隻耳朵，但卻沒有相對聆聽對方，因為自己並不感興趣。

→她扮演受害者，讓別人照顧自己，藉此索求好處、占人便宜。

→她利用並且過分剝削老朋友梵妮，導致對方跟她絕交，這使她感到憤怒與自我（ego）受傷，對她來說這是不可饒恕的過錯，她一定要讓梵妮為此付出代價。

→她利用梵妮喜歡同性這個特質來杜撰真相、對她惡意中傷。

→這對於親密的朋友關係以及梵妮的可信度而言，都是一記重擊。

對梵妮的影響

◎ 她忍受了很長一段時間好友打著老交情為名號的自我中心行為。

◎ 她在難過失去另一半的時候,還是感覺到了自己的極限,這時的她比起從前任何時候都更需要友誼和支持。

◎ 她很後來才知道自己被造謠毀謗了。這謊言像是確有其事,因為梵妮喜歡同性,當時又單身。

◎ 她想像其他朋友可能都會相信露薏絲說的是真的,或者至少半信半疑。

◎ 她覺得很丟臉,可是自己根本就沒這麼做。

◎ 如果她被傳成到處追求人,連老朋友都不放過,她怕別人會懷疑自己,至少怕她的其他朋友會不信任自己。

操控手法放大鏡

造謠毀謗(LA CALOMNIE):造謠毀謗無須多做解釋,這種操控手法就是在別人背後說些捏造出來的話。病態型自戀者有一種特質,最後會相信自己編造出來的謊言是真實的;於是便進入妄想。病態型自戀者會用造謠毀謗來製造不合、散播離間的種子,在合適的時機破壞被操控者的形象,犧牲其名聲,用來解釋自己的失敗或是不能為人接受的行為。

她能做什麼來保護自己？

* 意識到這個操控。這件事已經發生。雖然過了一段時間，梵妮還是知道了露薏絲對她的造謠，而露薏絲一而再再而三的操控最後導致兩人絕交。

* 當別人向她提到這些謠言的時候，大笑出聲：任何否認的話在周遭人眼裡都會被視為是確認謠言的真實性。不做任何評論，也不要提到任何受不了露薏絲惡行的話，這些都可能會被視為是追求不成功才這麼說的。

* 相信兩人朋友圈裡其他人也都知道露薏絲一貫的行為，他們想必也都經歷過，會理解她為什麼要與露薏絲絕交。

* 相信時間：因為梵妮不會「睡」任何朋友，所以其他人最後會認為整個故事都是露薏絲捏造出來的，再說很多人都會忘記對自己沒什麼重要性的事件。

* 把這件事寫下來，釐清思緒，不要忘記。

幾點幫助梵妮的思考：

* 是什麼讓妳忍受露薏絲的惡行這麼長久的時間？妳是否太輕易原諒別人？如果是，為什麼？如果不這麼容易原諒別人，妳怕會怎麼樣嗎？妳在哪裡、什麼時候、跟誰、怎麼學到要這麼做的？

* 妳慷慨大方到願意自我犧牲嗎？如果不這麼做，妳怕會怎麼樣嗎？妳在哪裡、什麼時候、跟誰、怎麼學到要這麼做的？

* 這是妳第一次遭到這方面的造謠毀謗嗎？如果不是，之前有過哪些謠言？之前的謠言與這次的有哪些共同元素嗎？妳能做出哪些改變來保護自己？

＊ 現在這個情境與上述問題的答案之間是否有什麼關聯？當下狀況是否與妳所留意到的某些因素相呼應？

＊ 怎麼做可以讓妳更早考慮到自己以及自己的界限，而非一直為了別人犧牲自己？

操控手法：造謠毀謗（第345頁），捏造事實（第204頁），假裝有特權（第315頁），扮演受害者（第73頁）

附錄

這篇文章是在更廣泛的專業背景框架之下所寫成，用不同的方式點明關於「我是為你好」的病態型操控手法。

知彼莫若我，我是為你好

我想談談「心理學知識」有時候會以有害的形式呈現。對於人類功能的診斷和其他理解（甚至可能是偏頗的）導致偏移，反而對案件在心理上的幫助或理解造成反效果（我想到質性研究的理解面談）。

「知彼莫若我，我是為你好」是當對方在談論自己的見解時，強加一份詮釋觀點於其上，假裝從中見到真正的意義，迫使對方接受這份攻擊性的解讀。這會造成以下幾個有害的結果：

1. 讓「懂的那人」站在一個全能的地位，同時讓「被看透的那人」被放在無能及無知的地位。懂得那人懂；被看透的那人對自己什麼都不懂，這就否定了他認識自己的能力；離開，有可能發展自我意識以及採取不同行動的能力，如果他希望，就有可能性。

2. 被「我看透你」的目光注視之人因為被看到自己都沒發現的自己而覺得丟臉，甚至經常內心深處突然被揭露在他人目光之下，可以說是暴露。就像在他人的目光注視下一絲不掛，正如雨果詩中的該隱，無法隱藏自己也無法穿衣遮掩。這有個特徵，就是他自己都沒發現但卻被全知者所看見的「缺陷」。然而，這份自慚形穢並不會就此帶來（這個說法很含蓄）人類演化的潛力；它會導致一個人劇烈的痛苦和退縮，讓人為了自我保護就此隱藏自己而非坦露自己。我有時候會遇到這種情形，當我遇到一些陌生人，他們發現我是個「心理師」時，突然驚嚇地說他們在我的眼中是赤裸的，把我的職業

與思想占卜給混淆了！可以想像當他們遇到一個「看透你」的人言之鑿鑿他之所見時，會發生什麼事⋯⋯

3. 這必然使得「看透」的人掌控他假裝看透的人。

4. 這構成了對另一方心理領域的侵擾，對方如果沒有被控制，將理所當然地反抗，某些人因此堅信這詮釋正確無誤：「如果你自我辯護了，那就證明我說的沒錯！」這種侵擾是一種權力濫用。

5. 於是這不利於所有關係想幫助被操控者建立的自主權，或是兩個自由且主權獨立的個人之間所發展的各種關係⋯⋯這個現象並不僅發生於「心理諮商」診間而已。

6. 這會阻礙人們對於要感知的事物的深入理解，我引述愛因斯坦的話：「我們的理論決定了我們能夠觀察到的事物。」然而，看透的人除了認為自己擁有普世的知識而且永遠是對的，只會理解進入自己的分類的事物，將大量（通常是）決定性的資訊貶視為毫無意義。

7. 這經常會產生自我實現的預言現象，也稱為「畢馬龍效應」（effet Pygmalion），我們對某人投射一道具有某種傾向的「看透的目光」，無論他願意還是不願意，最後會變得像我們投射於他身上的形象。同樣的道理，被大家認為愚蠢笨拙的人，最後就會變得愚蠢笨拙⋯⋯

8. 這會讓我們能夠細緻建構的觀念與理解變得貧乏，並且讓通往自我與個體獨特性的美好道路上貧瘠不堪。

因此我提供一些方法與準則，就像是這些有害的「心理知識」的解毒劑：

• 「懂的人」在面對某人特別的神秘之前的絕對謙遜；無論是哪種診斷，只不過是對整體及一般規律的觀察，然而我們都知道「一般人」並不存在；說好聽這只是一種統計學上的結果，說難聽不過是個近似值，而且是說話者個人

經驗而已。

- 追尋敏銳的感知，同時將分類懸置（這會讓人聯想到現象學的懸置〔épochè〕或是馬丁・布伯的「我與你」〔je-tu*〕的關係），追尋對立面的存在與自身於當下共存的獨特性。
- 提出──就只是個提議，對方可以反對或是考慮這個提議──幾個理解方向，若我們希望提議能夠尊重對方以及給予自主性，那麼就必須與對方一起討論，甚至若自己的提議並不適合主體（對方）的時候便放棄。
- 除非是在必要或必需的情況下，也就是說在一段能夠提供幫助的關係（無論專業與否）之中，在對方有請求與明確同意的情況下，才可以使用任何一種「心理學知識」（savoir psy）。否則，任意使用心理學知識去解讀對方，這種「知彼莫若我」的心態，便猶如試圖掌控對方，是一種權力濫用操控。

---

* 譯注：在馬丁・布伯的（Martin Buber）的《我與你》書中說：關係分為兩種──「我與你」（Je-Tu），以及「我與它」（Je-Cela）；而我與你無法單獨存在，只能存在於「我與你」的關係之中，先於「我」與「你」各自的範疇。

致謝

感謝 Suyapa Hammje 與我一拍即合。

感謝我的編輯 Marion Guillemet 和 Lama Younes-Corm，妳們的建議、好點子、專業、中肯與熱忱一路激勵、支持著我。

感謝 Gomargu 的插畫，貼切、辛辣、具象化地輔助文字敘述，激發想像，讓讀者能記住場景故事。我期望圖像化的場景記憶能夠幫上遭遇病態操控的受害者。

感謝 Chloé Chauveau 仔細地校對。Chloé 是美化字句的綠手指，將引人疑竇的用字遣詞去蕪存菁，將篇章文具修剪為一座優雅的法文花園。

如此出色的團隊讓我數不清多少次大大感恩讚嘆「擁有編輯」的幸運！

感謝 Frédéric Quié 在我創作之初給予的意見回饋，指出我所採取的方向應該是正確的。感謝 Jean-Paul Ziégler 的聆聽與明確又銳利的建言，激勵我對於精確與嚴謹的追求。

感謝 Anouk Abécassis 在我太過糾結於意義解釋或是字詞運用時，經常與我進行笑聲連連的交流。感謝 Céline Cubertafond 給予「剝奪喜悅」如此明確的命名。

感謝所有授權允許我使用他們一部分生命經歷的所有人。出於保護隱私之故，我不一一列出。雖然這些經歷被改寫轉變得不會被別人認出，他們會認得出自己的。

感謝已故的 Pierre Touche，他於六月離開人世；有時候我因為太過投入而見樹不見林，不知如何名之，而我們的臨床討論幫助了我釐清與表達這些觀念。

操控手法列表

寫信給作者：acz.psy@gmail.com

國家圖書館出版品預行編目資料

病態型自戀：假面閨密、危險情人、慣老闆、控制狂父母、親情勒索……法國頂尖心理師教你如何從50個日常生活場景破解自戀型人格疾患，從有毒關係中重生／安妮．克洛蒂爾德．齊格勒（Anne-Clotilde Ziégler）作；戈瑪古（Margaux Reinaudo, Alias Gomargu）；賴亭卉譯. -- 初版. -- 臺北市：麥田出版：英屬蓋曼群島商家庭傳媒股份有限公司城邦分公司發行, 2021.07
　　面；　　公分
譯自：Pervers narcissiques : 50 scènes du quotidien pas si anodines pour les démasquer et leur faire face
ISBN 978-986-344-965-2（平裝）

1.精神分析　2.變態心理學　3.個案研究

175.7　　　　　　　　　　　　　　　　110007310

麥田叢書 107

病態型自戀

假面閨密、危險情人、慣老闆、控制狂父母、親情勒索……法國頂尖心理師教你如何從50個日常生活場景破解自戀型人格疾患，從有毒關係中重生

Pervers Narcissiques : 50 scènes du quotidien pas si anodines pour les démasquer et leur faire face

作　　　者／安妮‧克洛蒂爾德‧齊格勒（Anne-Clotilde Ziégler）
插　　　畫／戈瑪古（Gomargu）
譯　　　者／賴亭卉
審　　　定／林孟儀
責 任 編 輯／許月苓
主　　　編／林怡君

國 際 版 權／吳玲緯
行　　　銷／巫維珍　何維民　吳宇軒　陳欣岑　林欣平
業　　　務／李再星　陳玫潾　陳美燕　葉晉源
編 輯 總 監／劉麗真
總　經　理／陳逸瑛
發　行　人／涂玉雲
出　　　版／麥田出版
　　　　　　10483臺北市民生東路二段141號5樓
　　　　　　電話：(886)2-2500-7696　傳真：(886)2-2500-1967
發　　　行／英屬蓋曼群島商家庭傳媒股份有限公司城邦分公司
　　　　　　10483臺北市民生東路二段141號11樓
　　　　　　客服服務專線：(886) 2-2500-7718、2500-7719
　　　　　　24小時傳真服務：(886) 2-2500-1990、2500-1991
　　　　　　服務時間：週一至週五09:30-12:00・13:30-17:00
　　　　　　郵撥帳號：19863813　戶名：書虫股份有限公司
　　　　　　讀者服務信箱E-mail：service@readingclub.com.tw
麥 田 網 址／https://www.facebook.com/RyeField.Cite/
香港發行所／城邦（香港）出版集團有限公司
　　　　　　香港灣仔駱克道193號東超商業中心1/F
　　　　　　電話：(852)2508-6231　傳真：(852)2578-9337
馬新發行所／城邦（馬新）出版集團Cite (M) Sdn Bhd.
　　　　　　41-3, Jalan Radin Anum, Bandar Baru Sri Petaling, 57000 Kuala Lumpur, Malaysia.
　　　　　　電話：(603)9056-3833　傳真：(603)9057-6622
　　　　　　讀者服務信箱：services@cite.my

封 面 設 計／張巖
印　　　刷／前進彩藝有限公司

■2021年7月1日　初版一刷　　　　　　　　　　Printed in Taiwan.
■2023年3月15日　初版二刷

定價：450元
著作權所有・翻印必究
ISBN 978-986-344-965-2

城邦讀書花園
www.cite.com.tw
書店網址：www.cite.com.tw

cite 城邦媒體 麥田出版
Rye Field Publications
A division of Cité Publishing Ltd.

英屬蓋曼群島商
家庭傳媒股份有限公司城邦分公司
104　台北市民生東路二段 141 號 5 樓

▼

請沿虛線折下裝訂，謝謝！

文學・歷史・人文・軍事・生活

麥田出版
Rye Field Publications

讀者回函卡

cite 城邦媒體

姓名：＿＿＿＿＿＿＿＿ 聯絡電話：＿＿＿＿＿＿＿＿

聯絡地址：□□□□□＿＿＿＿＿＿＿

電子信箱：＿＿＿＿＿＿＿＿＿＿＿＿＿

身分證字號：＿＿＿＿＿＿＿＿＿＿＿＿＿（此即您的讀者編號）

生日：＿＿＿年＿＿＿月＿＿＿日 性別：□男 □女 □其他＿＿＿＿＿

職業：□軍警 □公教 □學生 □傳播業 □製造業 □金融業 □資訊業 □銷售業
　　　□其他

教育程度：□碩士及以上 □大學 □專科 □高中 □國中及以下

購買方式：□書店 □郵購 □其他＿＿＿＿＿＿＿＿

喜歡閱讀的種類：（可複選）

□文學 □商業 □軍事 □歷史 □旅遊 □藝術 □科學 □推理 □傳記 □生活、勵志

□教育、心理 □其他＿＿＿＿＿＿＿＿＿＿

您從何處得知本書的消息？（可複選）

□書店 □報章雜誌 □網路 □廣播 □電視 □書訊 □親友 □其他＿＿＿＿＿

本書優點：（可複選）

□內容符合期待 □文筆流暢 □具實用性 □版面、圖片、字體安排適當

□其他＿＿＿＿＿＿＿＿＿

本書缺點：（可複選）

□內容不符合期待 □文筆欠佳 □內容保守 □版面、圖片、字體安排不易閱讀 □價格偏高

□其他＿＿＿＿＿＿＿＿＿

您對我們的建議：＿＿＿＿＿＿＿＿＿＿＿＿＿